HISTORIA DE LA AGRICULTURA DE REGADÍO EN LA COMARCA DE LA AXARQUÍA (MÁLAGA)

Primera edición: septiembre 2022

ÍNDICE

1. INTRODUCCIÓN

2. LA APARICIÓN DE LA AGRICULTURA. EL NEOLÍTICO

3. LA CONSOLIDACIÓN DE LA AGRICULTURA. La edad de los metales

4. LA EDAD ANTIGUA. UNA ÉPOCA CON ESCASEZ DE DATOS

5. LA EDAD MEDIA. El desarrollo del regadío en la Axarquía

6. LA EDAD MODERNA. Los regadíos moriscos de la Axarquía

7. El REGADÍO EN LA AXARQUÍA DURANTE LOS SIGLOS XIX Y XX

8. BIBLIOGRAFÍA

9. ANEXOS

1. Introducción

La agricultura de regadío en la comarca de la Axarquía de Málaga ocupa un importante papel dentro del sistema productivo de dicha zona. Hoy en día, de hecho, se exportan cientos de miles de kilos de aguacates y mangos, sobre todo, a toda Europa e incluso a otros países como EEUU. Esta agricultura de regadío, que hoy ocupa gran parte del territorio, tuvo sus primeros testimonios en el Neolítico, aumentando su importancia en la Edad de los Metales. Con la llegada de los romanos a la península también llegaron cultivos, que hoy en día se atribuyen a los musulmanes, así como técnicas que se creen posteriores. Sin embargo, recientes investigaciones demuestran como el regadío ya se encontraba consolidado en la Edad Antigua. De hecho, parte de las técnicas e infraestructuras que se consideran musulmanas pudieron tener su origen en este periodo. A pesar de ello, son los musulmanes los que contribuyen a establecer un verdadero sistema productivo relacionado con la agricultura de regadío. En nuestra comarca se aprovechan magistralmente las fuentes, minas, norias y ríos para cultivar hortalizas, frutales, morales e incluso trigo. Tras la expulsión definitiva de los moriscos de nuestra tierra en 1572, desaparece para siempre un mundo que tenía a la agricultura de regadío como base principal de su economía. A partir de este momento, en la Edad Moderna, los repobladores de la zona no conocían las técnicas para cultivar el regadío, por lo cual, este terminó abandonándose en muchas zonas de nuestro territorio. Tan solo alcanzaron cierta importancia las vegas de los ríos Vélez, Algarrobo, Torrox y Chillar con cultivos como la caña de azúcar, los cítricos y las hortalizas tal y como así nos atestiguan las Respuestas Generales al Catastro de Ensenada de 1752. En el siglo XIX, y primera parte del siglo XX, son los cítricos, melocotones, cañas de azúcar y hortalizas los que ocupan la mayor parte del territorio agrícola de regadío en la comarca. Es a partir de la construcción de la presa de la Viñuela, a inicios de la década de los 80 del s. XX, cuando se introducen de manera importante los subtropicales en la comarca, subtropicales que dominan hoy en día el regadío en la misma junto con cultivos bajo plástico, hortalizas y frutales como los nísperos. Todo este proceso es el que veremos a continuación en este trabajo.

Mapa: *Mapa de situación de la comarca de la Axarquía. Fuente: Elaboración propia*

2. La aparición de la agricultura. El Neolítico

El neolítico es, sin lugar a dudas, una de las etapas de la prehistoria de mayor transcendencia para la humanidad. De hecho esta etapa tal y como se conoce fue una verdadera revolución que introdujo en la humanidad la agricultura y la domesticación de los animales salvajes. Estos cambios propiciaron que las poblaciones pasaran de unos hábitos nómadas, con hábitat en cuevas, a una forma de vida sedentaria donde los poblados sustituyeron a las cuevas como hábitat de las poblaciones de aquel momento. Las fechas del neolítico varían según diversos autores o lugares geográficos aunque en nuestro país podemos establecer que tuvo lugar en unas fechas entre los años 6000-5500 a. C hasta el año 3.000 a. C. Sin embargo, esta periodización difiere según las diferentes dataciones realizadas en numerosos yacimientos a lo largo de la geografía de la península ibérica.

Los primeros datos que hacen referencia a la aparición de la agricultura en la comarca de la Axarquía se remontan al VI milenio a. C según resaltan Pellicer y Acosta (1982) citados por Rubio de Miguel (1989, p. 13). Tiene la agricultura como lugar de aparición la Cueva de Nerja y hace referencia a un periodo del Neolítico inicial donde se encuentra de manera esporádica cerámica cardial. Tal y como nos detalla Rubio de Miguel las primeras evidencias de la aparición de la agricultura lo constituyen la deforestación de los alrededores de las cuevas mediante incendios para disponer de tierras agrícolas. Estas deforestaciones se producían en un clima en el S. E semejante al actual tal y como así indicaron Gilman y Thornes (1984) y Chapman (1990) citados por Rubio de Miguel (1989, p. 16). Estas deforestaciones inicialmente daban lugar a la plantación de especies de trigo y cebada de carácter autóctono, especies que complementaban una dieta basada principalmente en la caza y en las especies domésticas. Esta tendencia, sin embargo, a lo largo del tiempo va evolucionando y cobra una mayor importancia la economía productora con una agricultura en auge tal y como así nos indica Uerpmann (1977) citado por Rubio de Miguel (1989, p. 19). La importancia creciente de la agricultura queda atestiguada por la presencia de útiles agrícolas como palos de cavar y hachas pulimentadas, elementos de hoz y molinos (Rubio, 1988, 399-401). En cuanto al poblamiento desde el inicio del Neolítico los poblados han coexistido con las cuevas (Rubio de Miguel, 1989) aunque las cuevas son más numerosas como forma de poblamiento que los poblados. Estableciendo una fecha aproximada a la introducción de la agricultura en la península ibérica, esta estaría asociada al fenómeno megalítico tal y como así se establece por Rubio de Miguel (1989, p. 27) y su cronología más alta se produce en la fachada atlántica en el V y IV milenios a. C, constatándose ya este fenómeno en Andalucía en el IV milenio aunque en Andalucía central y en la transición al Calcolítico aparezcan hábitats al aire libre. A este respecto existen serias dudas sobre su aparición en el Neolítico antiguo (Pellicer Catalán, 1995). El medio ambiente que rodeaba estos hábitats tal y como nos detalla Rubio de Miguel (1989, p.32) nos indica la presencia de un paisaje mediterráneo con preponderancia del pino y la encina y con una estabilidad en cuanto a temperatura y grado de humedad que no impiden el desarrollo de la agricultura y la ganadería en nuestra península. La dieta se basaba en la caza y en cierta parte en el cultivo, avanzando a lo largo del tiempo las especies domésticas (las cuales ya en el Neolítico medio tenían la misma importancia en cuanto a la carne consumida que aquella que provenía de la caza). En el caso de Nerja, según Pellicer Catalán (1995), el 37% de los animales domésticos eran ovicápridos, el 31% bóvidos y el 10% cerdos. La agricultura se desarrollaba mediante un sistema de cultivo de roza (Rubio de Miguel, 1989, p. 32), es decir la tala previa y quema posterior de la vegetación para efectuar la siembra.

Imagen: *Cerámica neolítica de la Cueva de Nerja. Fuente: Cueva de Nerja.*

Las herramientas no eran muy numerosas aunque eran muy utilizadas las azadas y el palo de cavar. Una vez que las tierras se agotaban, al no utilizar un sistema de abonado, se tenían que buscar nuevas tierras de cultivo por lo cual el espacio que ocupaban estas poblaciones neolíticas se iba aumentando. Sin embargo, la deforestación por fuego se situaba cerca de los hábitats humanos, por lo cual con el transcurso del tiempo estas zonas se degradaban de manera considerable. Esta degradación pudo ser una de las causas para que se produjera un traslado progresivo de los hábitats desde las cuevas a los poblados, hecho que parece ya constatado en los momentos de transición al Calcolítico según Corral y Rubio (1988) citados por Rubio de Miguel (1989, p. 33), poblados que en todo caso no pasarían de los 100 habitantes. Hábitats de este tipo se localizan ya en la cuenca alta del río Vélez aunque ligados a la producción de industria lítica (Pellicer Catalán, 1995). Estos yacimientos en la etapa final del Neolítico (en entronque con el Calcolítico) se extendieron por zonas llanas y terrazas fluviales teniendo una importancia relativa la presencia humana y por tanto la explotación agraria en la Axarquía. Aparte de la ocupación de la Cueva de Nerja, el único yacimiento constatado del Neolítico en nuestra comarca fue el del Tajo de Gomer (Ramos y Martín, 1987, citados por Martín Córdoba *et al,* 1989, p. 72) y Peña de Hierro (Martín Córdoba, 1987), siendo esta última una ocupación al aire libre vinculada con las comunidades locales de la zona. Esta ocupación de la Peña de Hierro por su carácter temporal y ligado a una única unidad familiar no nos permite comprobar la utilización de técnicas agrícolas y mucho menos del regadío.

Imagen: *Peña de Hierro. Cútar. Fuente: AxarquíaPlus*

Cabe reseñar, por su interés, el poblamiento de Peña de Hierro que supondrá el inicio del poblamiento estable al aire libre en la comarca de la Axarquía (Martín Córdoba). Los poblados típicos de esta fase final del neolítico e inicios del Calcolítico se trataban de poblados con cabañas circulares, trincheras, fosos y fondos de cabaña. (Pellicer Catalán, 1995, p. 105). Este hábitat exclusivo en poblados da lugar a una nueva fase histórica que se inicia en torno al año 2500 a. C según dataciones realizadas a lo largo de la geografía Andaluza (2345 a. C en los Millares), fase en la que se producirá una mejora sustancial en los sistemas agrícolas de regadío. Con anterioridad a esta fecha la irrigación para los cereales o bien es inexistente o bien aparece de manera residual en algunos asentamientos tal y como así nos indica Mora-González (2017, p. 194).

3. La consolidación de la agricultura. La Edad de los Metales

La edad de los metales es una etapa histórica caracterizada por el uso de la metalurgia y la sustitución progresiva de las herramientas y armas líticas por las fabricadas de metal las cuales tenían una mayor durabilidad y dureza. Se divide este periodo histórico en la edad de Cobre, Bronce y Hierro, recibiendo este nombre según el metal que tenía mayor importancia en la misma. La evolución que se produce durante este periodo histórico en la utilización de la metalurgia viene marcada por la búsqueda de un material más duradero y de mayor resistencia.

No sólo se produce un enorme avance en cuanto a la utilización de la metalurgia en este periodo sino, que a la par que los enormes avances que se producen en la utilización de los metales, se produce una considerable evolución en cuanto al aumento de los poblamientos en Andalucía. En la comarca de la Axarquía y en la primera etapa de la Edad de los Metales, el Calcolítico[1], se continua con el poblamiento de la Cueva de Nerja aunque surgen numerosos yacimientos en superficie como la cuenca del río Vélez o en la zona costera regada por aguas del río Algarrobo o Sayalonga como el Morro de Mezquitilla (Pellicer Catalán, 1995, p. 108). Estos poblados de ámbito local son pequeñas unidades de producción que realizan desplazamientos cortos a partir de aldeas estables para obtener y aprovechar los diversos recursos existentes (Martín Córdoba *et al*, 1989, p. 73). En cuanto a la

---

1 Etapa que se extiende aproximadamente del principio del III Milenio hasta final del III Milenio a. C (3.000-2.000 a. C). Está dominada por la Cultura de los Millares (Santa Fe de Mondújar, Almería). Esta etapa estaba caracterizada por el uso del cobre.

agricultura se produce una generalización de la agricultura cerealista del trigo, la cebada, el centeno, las lentejas, habas y lino.

Tras el Calcolítico y debido a las innovaciones en la metalurgia se comienza a hacer preponderante la utilización del bronce, material que se obtiene de la mezcla de cobre y estaño y que permite obtener unas herramientas o armas de mayor dureza y durabilidad que las fabricadas con cobre. Es una cultura dominada por la cultura del Argar[2] donde se introducen una serie de innovaciones técnicas que influyen en la sustancial mejora de la agricultura, utilizándose por ejemplo el ganado caballar que con su fuerza de tracción contribuyó a las labores agrícolas (Gilman Guillén, 1987, p. 62) y la introducción del arado. Otras innovaciones fueron la introducción de la arboricultura, particularmente el olivo, a la vez que los cultivos se intensificaban y diversificaban. Es en esta época cuando se descubren los primeros indicios de una agricultura de regadío gracias a la aparición de una acequia descubierta por Shüle en 1967 (Gilman Guillén, 1987, p. 63) en el Cerro de la Virgen (Orce, Granada). Ya en la Edad del Cobre aparecen poblados con indicios de zonas regables, indicios que indican que en la Edad del Bronce la zona regable se aumenta y ya se riegan tanto zonas donde la lluvia es abundante como zonas donde la lluvia es escasa como es el caso del sureste español. Al aparecer el regadío la sociedad se hace más compleja y aparecen las élites sociales puesto que no todos los pobladores de podían acceder al capital que requería la construcción de un sistema de riego, surgen por tanto los campesinos y los jefes que utilizan la mano de obra de los primeros. Estos sistemas hidráulicos los constituyen acequias, bancales, presas etc., que generan una riqueza que genera la codicia de los poblados vecinos (Cogwill, 1975: 517) citado por Gilman Guillén (1987, p.66) por lo cual los poblados se tienen que fortificar para defenderse de los poblados vecinos que quieren apoderarse de las riquezas que han sido atesoradas por un poblado con mayor iniciativa. Estas zonas regables, en su mayor parte durante esta época, se dedican al cereal - trigo y cebada- atestiguándose la presencia de leguminosas y habas, agricultura que se va intensificando a lo largo del tiempo (Mora-González, p. 90, 2017). En la edad de Bronce y en concreto en uno de los yacimientos de mayor importancia de la llamada cultura Algárica (Castellón Alto, Galera, Granada) se ha constatado el cultivo del lino y de la cebada, cultivos que nos podría indicar la utilización de algún tipo de estrategias de irrigación, sugiriéndose el aprovechamiento de los márgenes de los ríos tal y como así indica Rovira (2007) citado por Mora-González (2017, p. 114) dentro de un modelo de explotación basado en estrategias de huerta. En nuestra comarca y en relación a la Edad de Bronce son frecuentes las tumbas de influencia argárica aunque estas se ubican en lugares retirados a los hábitats formando necrópolis o cistas aisladas. Pocos han sido los datos obtenidos para inferir cual era la situación de la agricultura en nuestra comarca en aquella época histórica puesto que según Martín Córdoba *et al (1989, p. 74) "Se da durante la Edad de Bronce en la comarca de la Axarquía un aparente hiatus ocupacional repoblándose el territorio con la ocupación romana, repoblación íntimamente ligada con la explotación agrícola del medio"*.

Con la llegada de la Edad de Hierro en torno al 800 a. C aparece una nueva manera de trabajar los metales con una nueva técnica que utilizaba la fragua con horno y fuelles y que sustituye a la fundición con moldes típica de la Edad de Bronce (Beltrán Martínez, 1989, p. 59). Con relación a la agricultura de regadío Nadal Reimat (1980, p. 8) nos dice que no existen datos conocidos que nos permitan afirmar o negar que en España durante la Edad de Hierro hicieran su aparición las primeras formas de riego aunque los primeros viajeros sirios y posteriormente los fenicios pudieron constatar la existencia de importantes centro de población a orillas de los ríos. Los restos arqueológicos y

---

2　Cultura del Argar. Es una cultura con base en el sudeste español y que recibe el nombre del yacimiento El Argar del municipio de Antas en Almería. Se caracteriza por la utilización del bronce como material para la fabricación de armas y herramientas, material de mayor dureza que el cobre y que se obtiene de la mezcla de cobre y estaño. Se extiende desde el año 1.800 a. C hasta el año 1.300 a. C aproximadamente.

botánicos de esta época nos indican el cultivo de leguminosas como la haba y cereales como la cebada, cultivos ya presentes en la Edad de Bronce tal y como hemos atestiguado anteriormente. Estas podrían estar siendo cultivadas mediante regadío (Araus *et al.* 1997 citado por Mora-González, 2017, p. 196) aunque también dependería de la época de desarrollo de las mismas y la distribución de las lluvias a lo largo del año (Ferrio Díaz *et al* citado por Mora-González, 2017, p. 196). Este regadío se basaba, posiblemente, en el aprovechamiento más intensivo de los márgenes de los ríos (Rovira, 2007, citado por Mora-González, 2017, p. 200) sin descartarse otras estrategias que permitieran combinar el cultivo en secano con el regadío. Las técnicas agrícolas en regadío serían de escaso impacto para el medio ambiente puesto que tan solo se aclararía el terreno desbrozándolo de su vegetación autóctona para posteriormente gestionar los cursos de agua mediante canales de escaso recorrido. Posteriormente se almacenaría el agua en cisternas, en su caso, pudiendo incluso trasportarse pequeñas cantidades de agua en recipientes. Este es el modelo seguido en el cauce alto del río Vélez, siempre ligado a un entorno local. El riego agrícola se presentaba en estas sociedades como una necesidad social además de una forma de asegurar las cosechas ante las limitaciones climáticas aumentándose los excedentes lo cual favorecería la aparición de élites económicas y militares que dominarían los poblados de esta época (Mora-González, 2017, p. 205). El riego permitía un mayor beneficio para el productor directo al incrementarse la productividad por hectárea.

Imagen: *Zonas de riego bajo el poblado de la Edad de Bronce de Castellón Alto (Galera, Granada).*
Fuente: Junta de Andalucía.

4. La edad Antigua. Una época con escasez de datos

Los romanos fueron los verdaderos dinamizadores de la implantación del regadío en la península ibérica, si bien la práctica agrícola ligada al regadío ya existía con fenicios, griegos e iberos, dándose por segura por algunos especialistas su existencia en el Neolítico.

Durante la época antigua se produce el aprovechamiento del agua para la agricultura ya que durante este periodo histórico, como ya hemos dicho, se va a producir el aprovechamiento de agua para la agricultura, y, por lo tanto, la práctica de cultivos de regadío. Dos hechos contribuyen a

9

reafirmarnos la existencia de estos cultivos: por un lado, la arqueología, que cada vez con mayor profusión nos va mostrando restos de instalaciones relacionadas con la captación, transporte y almacenamiento de agua destinada a la agricultura, y por otro, las fuentes escritas y literarias, que nos hablan de la existencia de sistemas hidráulicos y productos de regadío para el consumo humano. También existen fuentes jurídicas como aquellas que tratan de la regulación municipal del abastecimiento del agua con este fin." (López, 1998-199, pp. 246). Así, se han constatado construcciones ligadas al transporte de agua realizadas por los romanos como acueductos, balsas, minas y balsas de acumulación así como acequias o surcos en la tierra para facilitar la distribución del agua a las parcelas destinadas al regadío. *El tipo de maquinaria utilizada sería la noria y el arado cultivándose especies vegetales como las coles, los espárragos, las alcachofas, lechugas, ciruelas, etc"* (López, 1998-199, pp. 246). Por su parte, los asentamientos humanos estaban ligados al aprovechamiento del agua situándose estos en los márgenes de los ríos, ramblas y fuentes. Según López (1998-1999), la implantación agrícola de época romana está bastante desarrollada durante el Alto Imperio a partir de la mitad del siglo I d. C como muestra el incremento de yacimientos relacionados con construcciones rurales que se producen a partir de esta fecha. En la época bajo imperial estas construcciones rurales se articulan en torno a yacimientos de mayor entidad que reciben el nombre de villae. Sigue diciendo López (1998-1999) que este esquema parece ser que pervive durante la Antigüedad Tardía hasta la conquista musulmana. En zonas montañosas como la Axarquía existían construcciones de *"pequeña hidráulica"* aisladas en zonas de montaña aprovechando fuentes marginales compuestas por una mina y una balsa de acumulación, sistema de características similares al empleado por los musulmanes en la comarca de la Axarquía siglos después. Desde estas balsas salían acequias, realizadas directamente sobre la tierra, acequias que conducían el agua a los terrenos de regadío, los cuales, por la escasez de agua de estas captaciones, no se encontrarían lejos de la misma. Sin embargo, a pesar de lo anteriormente dicho existe un debate actual sobre el origen de los sistemas hidráulicos en nuestra comarca (y en Andalucía en general) sobre su procedencia andalusí o romana puesto que es muy poco lo que se conoce sobre la hidráulica romana que no sea urbana (López, 1998-1999). Es por tanto segura la existencia de estructuras hidráulicas ligadas al regadío en la antigüedad al conocerse la existencia de las mismas en poblados prehistóricos (desde el neolítico y la edad del cobre), estructuras como conducciones, minas de captación, canales e incluso aljibes.

No ha sido muy estudiada la existencia del regadío en la Hispania romana por la idea preconcebida de que el regadío fue introducido en Hispania por los musulmanes (Beltrán y Willi, 2011). También difícilmente puede llegar a conocerse si los fenicios llevaron a cabo prácticas agrícolas de regadío por la inexistencia de datos al respecto, aspecto que es igualmente puesto en duda por Recio y Martín (2002) quienes dicen lo siguiente: *"Nos parece poco probable la existencia de núcleos urbanos permanentes fenicios en el interior del territorio tartésico y menos aún que la colonización agrícola de los siglos VII-VI en el suelo indígena "malagueño" se materialice a través de agricultores fenicios, ya que haría falta toda la población oriental para llevar a cabo estas tareas".* A pesar de lo anteriormente dicho, "en los últimos años la situación parece haber empezado a experimentar una reversión positiva en varios de estos terrenos gracias a la aparición de documentos como la *Lex riui Hiberensis,* documento que por primera vez identifica una comunidad de regantes compleja en el occidente romano, suministrando interesantes datos sobre su funcionamiento (Beltrán, 2006). Por otro lado, y tras haber sido realizados numerosos trabajos al respecto se puede deducir de los mismos la presencia de la irrigación agrícola en amplias zonas de la Hispania seca como es nuestro caso en el litoral mediterráneo. Sin embargo, tan solo a través de intervenciones arqueológicas se podrían localizar instalaciones hidráulicas en la comarca de la Axarquía ligadas al regadío aunque tan solo se pueden constatar las mismas en la villa romana de Benagalbón y siempre con relación a la industria del garum.

Imagen: *Estructuras de la villa romana de Torre de Benagalbón. Fuente: El Rincón Habla.*

A pesar de lo dicho anteriormente, sí existía agricultura de regadío en la Bética romana, ya sea para el riego del lino, de los manzanos o de los cardos. *"Ya Butzeer y sus colaboradores elaboraron una amplia lista de plantas supuestamente introducidas por los árabes de las que, sin embargo, hay testimonios de su cultivo en el mundo romano como el trigo duro, la palmera datilera, la granada, el peral, el cerezo, el melocotonero, la alcachofa y el espárrago"* (Beltrán y Willi, 2011, pp.15). En cuanto a las infraestructuras hidráulicas existen numerosas referencias a los precedentes clásicos de muchos mecanismos elevadores de agua como el Shaduf (noria movida por fuerza animal y la hidráulica). También están relacionadas con el mundo clásico la rotación de cultivos y otras prácticas de fertilización de suelos. Procedimientos como la organización del riego, según Beltrán y Willi (2011), han sido documentados por la *Lex riu Hiberensis* en época romana, cuando estas formas de organización social del riego se habían atribuido tradicionalmente a las sociedades islámicas. Aspectos como el concepto de división del agua según la cantidad de tierra y la descentralización de las decisiones en el seno de la comunidad de regantes ya aparecen recogidos en la *Lex riu Hiberensis*. Otro aspecto recogido en dicha norma es la autonomía de las comunidades de regantes respecto a las autoridades, tal y como ocurre en el mundo andalusí. Respecto a las redes de riego *"tenemos constancia, en primer lugar, de sistemas privados individuales financiados por un propietario particular que controla para su uso exclusivo la fuente de abastecimiento de agua y asume los gastos ocasionados por la construcción de las infraestructuras hidráulicas así como por su mantenimiento. A este tipo responden instalaciones tanto modestas, como una de carácter familiar que fue construida por un propietario, su esposa y sus hijos en las cercanías de Orán"* (Beltrán y Willi, 2011, pp. 17). Este último tipo de instalaciones son las únicas que, con cautela, parecen existir en la comarca de la Axarquía. En la villa romana de Caviclum, en Torrox, se ha documentado una canalización de gran envergadura excavada en la roca que se ha interpretado como una canalización de agua para abastecer a Caviclum aunque no se puede descartar la posibilidad de que las grandes viviendas documentadas en dicha villa (que tenían jardines), podrían disponer de una parte de su terreno destinado al cultivo de verduras y legumbres. También existe una canalización construida en Toscanos (en Almayate) de 3,80 metros de largo por 44 centímetros de

11

ancho ligada a una villa romana alto imperial que podría igualmente estar ligada al abastecimiento de agua de la misma así como al riego de jardines y huertas. Esta canalización obtendría sus aguas del río Vélez y la conexión de este canal con el edificio bajo el que se encuentra parece clara, hecho que descartaría su uso agrícola aunque la existencia del propio canal también nos permite tener la duda razonable de si este en una zona cercana a Toscanos podría dirigirse a zonas regables. Estos canales se encuentran en el corte 9 de las excavaciones realizadas en 1967 y consisten en dos canales superpuestos uno sobre otro. Se ha constatado así mismo la existencia de una terraza reforzada por un muro de contención de la cual se dice *"existen algunos indicios en relación con la función de esta terraza, es decir, si se trataba de una plataforma sobre la que se levantaba un edificio o si servía de bancal con fines agrícolas"* (Schubart, 1967, pp. 48).

Tras el análisis de los datos arqueológicos existentes podemos asegurar que si bien debían existir las huertas de regadío en las villae romanas, sin embargo, son prácticamente inexistentes los registros arqueológicos que nos confirmen la existencia de las mismas. Posiblemente los canales de riego que se han encontrado tanto en Toscanos como en Caviclum podrían tener una doble función, tanto de aprovisionamiento humano como de regadío, aunque los datos existentes tan solo nos permiten establecer esta última hipótesis con cautela hasta que se realicen excavaciones en los yacimientos romanos de la comarca de la Axarquía que puedan confirmar o refutar esta hipótesis. Lo que no tiene lugar a dudas, es que si bien debió existir el regadío, este tuvo una importancia relativa debido al escaso poblamiento romano de la comarca de la Axarquía. Tampoco existen datos referentes a la población autóctona que nos permitan afirmar que llevaban a cabo prácticas agrícolas de regadío. A este respecto y como lo menciona López (1995, p.16) *"se tienen cada vez más evidencias para llegar a la conclusión de que el regadío en esta zona fue anterior a la presencia musulmana, aunque hay que incidir en la necesidad de realizar nuevas investigaciones, sobre todo a través de excavaciones"*.

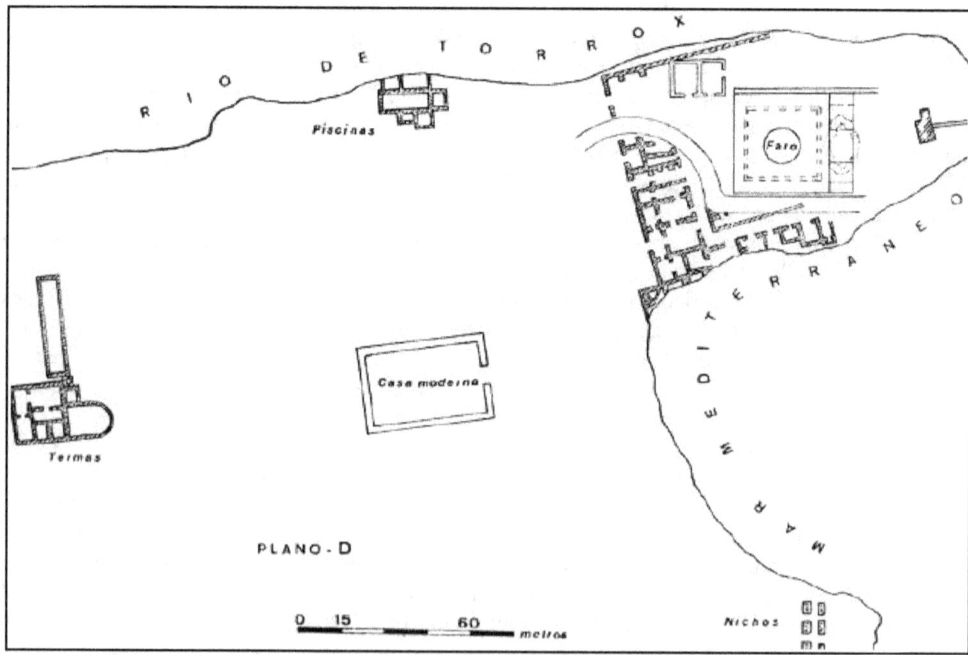

Imagen: *Plano de la villa romana de Caviclum. Fuente: Revista Mainake 2007.*

Gracias al trabajo de Melero (2016) conocemos la existencia de numerosos pequeños asentamientos en torno al eje del río Vélez y sus afluentes de la margen derecha, particularmente a lo largo del río Guaro. En esta valoración no entramos en la cuantificación de dicho sistema agrícola, pues, como sabemos, su mayor implantación se producirá a partir de época musulmana, además los restos que poseemos siguen siendo escasos para valorar su implantación generalizada.

Tenemos que trasladarnos a épocas posteriores, la Edad Media, y en concreto al periodo durante el cual los musulmanes poblaron estas tierras para asistir a la explosión de las prácticas agrícolas regadas a la utilización de las aguas de los ríos y las fuentes del territorio.

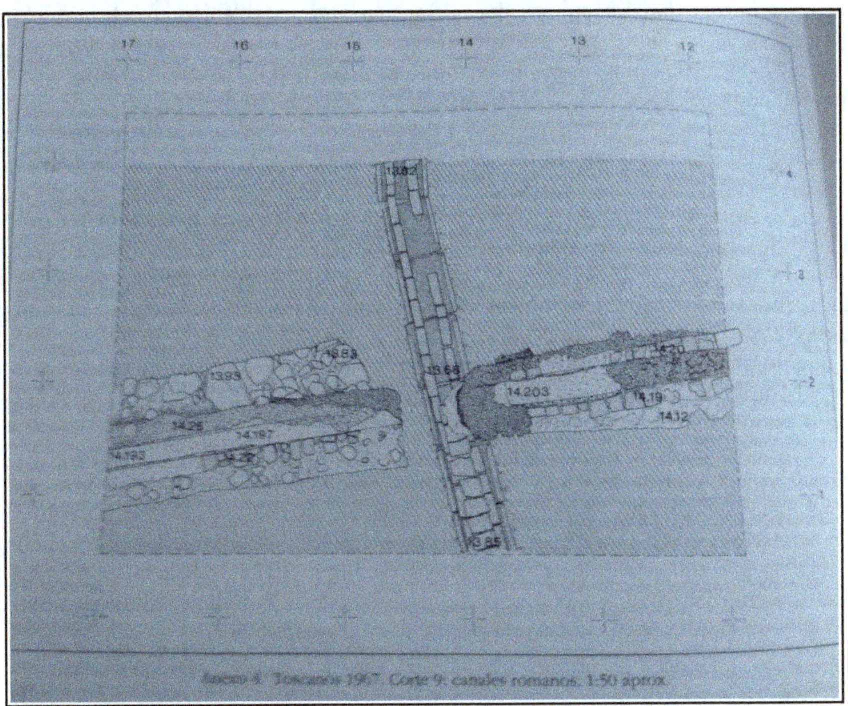

Imagen: *Canales romanos en las excavaciones de Toscanos en 1967.*
Fuente: Excavaciones 1967 en Toscanos

5. La edad media. El desarrollo del regadío en la Axarquía

Tal y como hemos podido constatar en los apartados anteriores el regadío tuvo una mínima importancia en la Edad Antigua en la comarca a tenor de los registros arqueológicos existentes. Probablemente una de las razones que nos aporta una explicación a este hecho es que la zona oriental de la provincia de Málaga estaba escasamente poblada por población romana (a excepción de las villas romanas de Torre de Benagalbón, Caviclum, Toscanos y la villa romana de Auta en la zona de la Alta Axarquía). Tras la desaparición del mundo romano, la población de las zonas costeras se retira al interior debido a la inestabilidad de las zonas cercanas al mar, creándose una serie de asentamientos rurales en los cuales la influencia de los bizantinos y de los visigodos fue escasa. Ninguno de estos dos pueblos llegó a desarrollar su cultura en nuestra comarca por la escasa implantación poblacional y a lo largo del tiempo. Las formas de vida no debieron cambiar sobre manera manteniéndose las costumbres hispano romanas que se encontraron los musulmanes a su llegada a la península ibérica. A este respecto, y según lo expuesto por Trillo (2004), la situación en cuanto a la ingeniería hidráulica romana era diferente puesto que el agua, que tan necesaria era para el suministro de las viviendas, no lo era tanto para los cultivos, puesto que los romanos basaban su producción agrícola en el cereal, la vid y el olivo, cultivos a los que les bastaba el agua de lluvia para desarrollarse. A este respecto, según Trillo (2004), Columela menciona como objeto de riego los huertos que se beneficiaban de las aguas sobrantes de las casas y los prados.

Con la ocupación musulmana y a partir del siglo X comenzaron a existir alquerías en la comarca de la Axarquía (Cravioto, 1996, pp. 193), las cuales están íntimamente ligadas con las tareas agrícolas al tratarse la sociedad musulmana de la Axarquía de una población repartida en el territorio por numerosas alquerías y "machares" o cortijos. Estas alquerías se sitúan sobre la zona regable, zona regable que aprovechaba una fuente, (manantial o mina), que en numerosas ocasiones produce un arroyo acumulándose el agua en una alberca. A partir de estas fuentes o arroyos se distribuye el agua mediante un sistema de acequias para regar las laderas de las montañas que normalmente están abancaladas. Sigue diciendo Cravioto (1996, pp. 192) que al final de estas acequias se situaban los molinos. Se utilizan una *"mezcla de técnicas y sistemas como los pozos, minas, azudes, fuentes, acequias, norias y aljibes"*. También los machares seguían la misma estructura territorial y de aprovechamiento de agua de las alquerías". (Cravioto, 1996, pp. 194). En esta primera etapa de la ocupación musulmana el trabajo realizado por Melero (2016) atestigua la presencia de una importante agricultura de irrigación en lugares como Bezmiliana donde se utilizan estructuras como pozos de norias con albercas, uso que se identifica a partir de cangilones. Otros ejemplos de evidencias arqueológicas de agricultura de regadío y siguiendo a Melero (2016) los encontramos en las cercanías del Cerro del Peñón-Toscanos ligados a la desaparecida ciudad de Samyala donde se han encontrado cangilones relacionados con el empleo de norias. Otros ejemplos de espacios irrigados de época alto medieval los encontramos en Sábar (Alfarnatejo) donde se ha localizado un pequeño espacio irrigado con una acequia que nace al pie de la alquería del *hisn* (Melero, 2016). Lo que es evidente, es que es a partir del siglo X es cuando debió extenderse la agricultura de irrigación con la implantación de pequeños sistemas hidráulicos de acequias allí donde la existencia de agua y las condiciones del terreno lo permitiesen (Melero, 2016). Sigue diciendo Melero (2016) que para el caso de la Axarquía no debe negarse la innegable importancia de la agricultura de regadío, aunque esta última no debe ocultar la importancia de la del cultivo arborícola.

En cuanto a la fecha de aparición del regadío andalusí y según Trillo (2004) *"no encontramos referencias a un paisaje ordenado por la lógica de la hidráulica andalusí (...) En el siglo X, si bien nos ha llegado en una versión romanceada, al-Razi nos describe diferentes núcleos de al-Ándalus en los que se aprecia cómo el espacio que los rodea está integrado en sistemas de cultivo irrigado"*.

Con anterioridad a la ocupación andalusí de la península y de nuestra comarca, el regadío, como hemos visto con anterioridad en el mundo romano, tuvo escaso recorrido perdiéndolo si lo tuvo con la desintegración del mundo hispano romano y la época de inestabilidad que surgió posteriormente con las sucesivas ocupaciones visigodas y bizantinas. No sería hasta la aparición del regadío andalusí, tal y como estamos comprobando por las fuentes anteriores, cuando la agricultura irrigada comenzó a tener una cierta importancia en nuestra comarca.

Por los textos referenciados por Trillo (2004), podemos inferir que se nos da una imagen de un espacio irrigado plenamente instalado, ocupado y organizado antes de las fechas en que se escribe el relato de al-Razi. Esta diferenciación, si la podemos apreciar en fechas más tardías, tal y como nos dice un geógrafo del siglo XII, al-Zuhri, sobre la Alpujarra: A este respecto nos dice Trillo (2004). *"Los montes de Málaga van sucediéndose con los de la Viñas y los del Plomo hasta las estribaciones de otro monte, llamado Sierra Nevada. En la cima de dicho monte no puede vivir ninguna planta ni ningún animal pero su base está poblada totalmente de habitáculos sin solución de continuidad. En ella se encuentran muchas nueces, castañas, manzanas y moras".*

A este respecto nos dice Trillo (2004) que son los cultivos irrigados los que aparecen con mucha seguridad ordenados en terrazas de cultivo. Es por tanto bastante admitible asegurar que fueron los árabes los que introdujeron la agricultura de regadío en al-Ándalus, aunque debemos determinar cuando y cómo se hizo y porqué se convierte la irrigación de los campos en una opción económica generalmente utilizada. Sigue diciendo Trillo (2004) que la agricultura de regadío, una vez instalada, nos muestra las condiciones de la sociedad en la que surgió y que la mantiene. A este respecto incide en que "*las estructuras de base nos permiten saber que los lazos familiares eran muy fuertes*". Se fundamentaban en la endogamia y en el agnatismo riguroso. El desarrollo de este tipo de familia estaba en relación con los asentamientos, en realidad establecimientos de grupos, unidos por el parentesco, que se ven organizados y reforzados por la agricultura irrigada. La expresión más clara es la alquería. Esta ordena el espacio territorial de acuerdo con la realidad social que le ha dado la luz. El caserío se esparce de acuerdo con las familias que integran el asentamiento. Por debajo de él se halla el área de cultivo irrigada. A veces no hay transición con el monte.

Siguiendo con esta argumentación y a fin de dilucidar como se produjo la introducción del regadío en al-Ándalus los agentes de la instauración fueron los campesinos, a pesar de que también desde la administración andalusí se dieran pasos en este sentido, sobre todo en lo relacionado con la botánica. A este respecto sabemos que los árabes nos trajeron plantas como el sorgo, el arroz, el trigo duro, la caña de azúcar, el algodón, la naranja agria, el limón, la lima, el pomelo, la banana, el plátano, el cocotero, el mango, la sandía, la espinaca, la alcachofa y la berenjena, cultivos ya presentes en al-Ándalus en el siglo IX. Dice Trillo (2004) que se instala en al-Ándalus una nueva agricultura a partir de la irrigación y se va desarrollando conforme la instalación de los campesinos lo hacía posible. Los fuertes lazos familiares le daban a la agricultura una cohesión muy difícil de romper y son los responsables de su creación y de su mantenimiento. En este sentido, estos mismos lazos familiares los encontramos en Daimalos en 1571 donde, por ejemplo, la familia Alguacil o Los Lerma poseían un gran número de tierras de regadío. Así, y debido a todo lo dicho con anterioridad la imbricación de la agricultura de regadío con la sociedad convierte a esta en una actividad económica prioritaria.

Todo lo dicho anteriormente en lo referido a la introducción de la agricultura de regadío con la sociedad andalusí habría que trasladarlo a la sociedad nazarí y como una continuación a la sociedad de 1571 que profusamente estudiaremos en este trabajo. Existen claros nexos de unión entre la sociedad andalusí y la situación de la comarca de la Axarquía en 1571, periodo para el que disponemos de numerosos datos debido a los Libros de Apeo y Repartimiento. Se mantienen entre ambas sociedades las familias extensas y se aprecia también como la clase acomodada, a pesar de que existía una cierta desigualdad, no dispone de un patrimonio coherente sino que este es más bien disperso en pequeñas parcelas por la vega. Este fenómeno lo podemos observar en Daimalos, Arenas, Sayalonga y otras alquerías donde los principales poseedores de tierra disponían de parcelas de tierra en diversos ríos, con diferentes tamaños y calidades. Otro detalle que nos aporta Trillo (2004) sobre la agricultura nazarí es que no era esta una sociedad agrícola especializada en cultivos de clara orientación mercantil. De hecho tal y como hemos podido constatar en nuestra investigación sobre los Libros de Apeo de Daimalos, Arenas y Zuheila, la dispersión de las parcelas agrícolas, su escaso tamaño y la distancia desde el núcleo población a estas nos indican que se trababa de una agricultura de subsistencia. Tan sólo hemos detectado una gran parcela de secano dedicada al trigo en las Rozas, la cual por su extensión puede inferirse que podría tener un gran rendimiento económico aunque el hecho de que fuese adquirida en común por los vecinos de Daimalos también nos puede indicar que era una manera de hacer frente a la carestía de trigo y asegurarse un aprovisionamiento estable para sus necesidades.

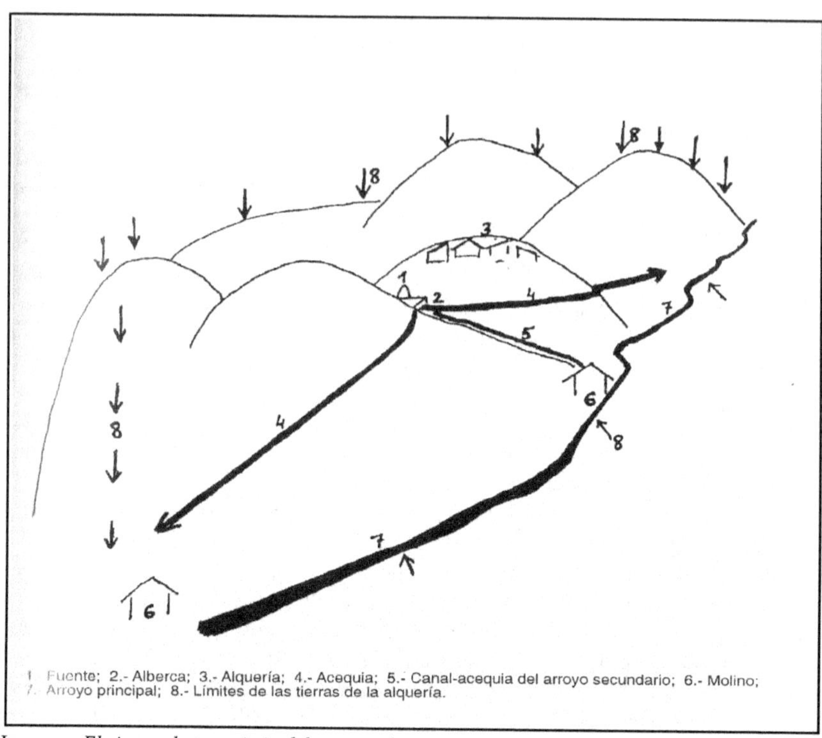

Imagen : *El riego y la toponimia del agua en la estructura territorial de la Axarquía malagueña.*
Fuente: Gozalbes (1996)

Con carácter previo al estudio de la agricultura de regadío debemos conocer como se organizaba la agricultura en tiempos de al- Andalus y las diversas clasificaciones existentes y los nombres que dicha forma de cultivo recibían. Según García (1996) *"a través de la información que nos proporcionan los agrónomos andalusíes, el espacio agrícola queda estructurado de acuerdo con diversas unidades de explotación. Una primera viene marcada por las áreas no cultivadas, en las que se dan las especies silvestres o montesinas, frente a las cultivables o espacios ocupados (...) por todo tipo de especies cultivadas, tanto de secano como de regadío. Este segundo tipo de espacios, los cultivados, queda conformado a su vez por la clásica dicotomía de tierras de secano y de regadío. No obstante, esta no es una división cerrada y excluyente, ya que los tratados agrícolas incluyen bastantes especies que se cultivan, indistintamente, en secano y regadío".*

En cuanto al regadío y a la disposición de los huertos, según García (1996), *"En los textos andalusíes se recomienda que los huertos se emplacen, a ser posible en lugares llanos y bajos, dado que de esta forma pueden ser regados con mayor facilidad y, al mismo tiempo, se aprovecha mejor el agua que cuando son altozanos. No obstante, a través de ciertas descripciones se trasluce que también se situaban en terrenos en declive, empleando el sistema de terrazas abancaladas".* Estos dos sistemas se empleaban en la Axarquía puesto que los regadíos andalusíes ocupaban tanto las vegas del río Vélez y Algarrobo y Sayalonga o las terrazas abancaladas del interior de la entonces llamada Sierra de Bentomiz (zona que se extiende desde Vélez-Málaga a Frigiliana). En las zonas del interior y siguiendo lo estudiado por Gozalbes (1996), las zonas regables se situaban bajo las alquerías tomando sus aguas de los ríos mediante acequias las cuales, una vez regadas las huertas, devolvían las aguas a los ríos. Las acequias no tenían nombre sino que tomaban el nombre de la zona que regaban, como por ejemplo la acequia del Competín, en Algarrobo, y seguían un trazado magistralmente estudiado encontrándose en perfecto estado de conservación. La conservación de las acequias y su organización seguía un sistema ancestral que todavía hoy en día con algunas diferencias se sigue utilizando. De todas estas cuestiones hablaremos con más detalle posteriormente cuando analicemos los regadíos de la comarca de la Axarquía.

Para el estudio del regadío de esta época en la Axarquía utilizaremos los documentos que de manera mas fidedigna nos hablan del mismo, los Libros de Apeo y Repartimiento de 1572. Los Libros de Apeo y Repartimiento son documentos de carácter notarial donde se levantan actas de todas las tierras y casas que existían en las alquerías de la Axarquía tras la guerra de los Moriscos o de las Alpujarras de 1571. Tras esta contienda la población morisca o de cristianos nuevos, que de manera mayoritaria poblaban estas tierras, es expulsada de las mismas. Tras la expulsión, el territorio se queda sin la mayor parte de su población y la Corona pone en marcha un proceso repoblador con el objetivo de devolver a estas tierras la situación poblacional y económica que tenía con anterioridad a la expulsión de los moriscos. En primer lugar, se deben reconocer las tierras existentes y las casas de las alquerías, así como la propiedad y localización de las mismas al igual que la producción de las mismas. Una vez divididas estas tierras en lotes se reparten entre pobladores que provienen de numerosos lugares del territorio andaluz, exceptuando el antiguo Reino de Granada. A este respecto estaba prohibido que se repoblaran las alquerías con habitantes del Reino de Granada ante el temor de que fueran moriscos que habían ocultado su identidad. Los nuevos pobladores reciben lotes de tierra en los que se incluyen todo tipo de tierras y en distintos lugares con la intención de que pudieran mantener un nivel de vida similar al que tenían en 1571. Hoy en día se mantiene en funcionamiento buena parte de la organización del riego de los musulmanes en la Axarquía como la distribución de los riegos, los nombres de los *pagos* (nombre que recibía una zona del campo en algunos pueblos de la Axarquía como Arenas o Sayalonga). Gracias a la información que nos ofrecen los Libros de Apeo y Repartimiento podemos conocer de primera mano cuales habían sido los cultivos de los moriscos hasta que estos fueron expulsados. Estos serán por tanto las fuentes primarias que utilizaremos para conocer como fue la implantación del regadío en la comarca de la Axarquía durante la época musulmana, cómo se organizaba el mismo, qué arboles frutales o verduras se plantaban etc., Este estudio del regadío de la comarca por otra parte y utilizando dichas fuentes se realiza por primera vez en este trabajo puesto que hasta el momento actual el estudio de los Libros de Apeo y Repartimiento contemplaba la transcripción de los mismos y un estudio etimológico y sociodemográfico de los datos de los mismos. En nuestra tesis doctoral (Fernández, 2016), abordamos por primera vez esta cuestión, es decir el estudio multidisciplinar de los Libros de Apeo y Repartamiento para la realización de un estudio geográfico de los mismos. Gracias a este trabajo pudimos localizar, para el caso de la pedanía de Daimalos, (municipio de Arenas) un gran número de caminos, pagos del campo, fuentes, acequias, molinos, etc., realizándose a la vez un estudio agrícola del secano y del regadío que había existido hasta la expulsión de los moriscos de la comarca. Es además de suponer que este regadío había mantenido una continuidad durante el pasado andalusí de la comarca por lo que los datos que nos aportaron en su momento los LAR (Libro de Apeo y Repartimiento) nos dejaron una foto fija de como era el regadío en 1571. Tras la repoblación, mediante cristianos viejos, de nuestra comarca, se produjo un claro abandono del mismo por el desconocimiento de las prácticas de regadío de los nuevos pobladores, abandono que tardó cientos de años en recuperarse.

6. La edad moderna. Los regadíos moriscos de la Axarquía

Tras la pragmática del 14 de febrero de 1502 los musulmanes del reino de Granada han de convertirse obligatoriamente al cristianismo pudiendo elegir entre la conversión al cristianismo o la expulsión al norte de África. Muchos musulmanes optaron por su paso allende como fue el caso de los habitantes de Batahiz, despoblado medieval de Sayalonga, aunque la gran mayoría decidieron permanecer en la tierra donde habían vivido sus antepasados durante siglos. A estos musulmanes que decidieron permanecer en el reino de Granada se les llamaría a partir de ese momento cristianos nuevos o moriscos. Tras el análisis que hicimos, en el capítulo anterior, de la agricultura de regadío en la época andalusí y nazarí en este momento vamos a estudiar la etapa para la que un mayor número de datos tenemos, la etapa de las repoblaciones sirviéndonos para ello de los Libros de Apeo y Repartimiento. Los Libros de Apeo y Repartimiento son documentos notariales donde se recogen las tierras que se han de repartir y a quién se destinan. Son documentos de una enorme importancia para conocer una fotografía fija de como era la agricultura del siglo XVI en el reino de Granada y en nuestro caso en la comarca de la Axarquía. Con este motivo estudiaremos el Libro de Apeo y Repartimiento de Daimalos- que trabajamos en el año 2016- así como el Libro de Repartimiento de Arenas y Zuheila, en el cual estamos trabajando en este momento, así como otros libros transcritos por otros autores como el de Algarrobo, Sedella y Rubite, Vélez-Málaga, Torrox y Comares, todos ellos transcritos hasta el momento. Otros Libros de Apeo y Repartimiento con los que trabajaremos y que se encuentran inéditos son los de Sayalonga y Canillas de Albaida, aunque transcribiremos la parte que se corresponde con la agricultura de regadío. Con toda la información anterior podremos conocer de primera mano como era la organización del regadío en nuestra comarca a finales del siglo XVI. Así mismo podemos inferir que este regadío es herencia del regadío andalusí y nazarí del que no debe diferenciarse en demasía. También y como no puede ser de otra manera utilizaremos las fuentes arqueológicas a nuestra disposición para conocer que vestigios ligados al regadío encontramos en Vélez-Málaga, fuentes que obtendremos principalmente de los Inventarios de Bienes Arqueológicos y Etnológicos de los Planes Generales de Ordenación Urbana de la comarca.

6. 1. Los libros de Apeo y Repartimiento. Una fuente muy valiosa para entender la producción agrícola en la edad moderna

Los LAR son, según Fernández (2016a), un documento público donde *"se da fe de la extensión de las diferentes propiedades que conforman un término municipal, los cultivos de las mismas y el nombre de su propietario, para posteriormente ceder las mismas a nuevos pobladores. Este documento jurídico pretende dejar claro en todo momento el nombre del antiguo propietario y las características de las propiedades a modo de escritura pública para poder traspasarlas en nombre de la Corona a otros propietarios"*.

Estos documentos nos ofrecen una información de una riqueza en relación con numerosas temáticas, así como nos indica Fernández (2016b), como son el patrimonio histórico y etnográfico, los principales cultivos de la época y su extensión, el estudio de la estructura de la propiedad de la tierra, el paisaje agrícola, las formas de organización de los regadíos y sus técnicas de riego, etc., Por otra parte, los LAR nos permiten reconstruir el paisaje de la época utilizando un término muy actual como es la arqueología del paisaje. Esta reconstrucción o arqueología del paisaje nos permite conocer como era el paisaje de la época, sacando a la luz elementos patrimoniales hoy perdidos, elementos que al darse a conocer podrán protegerse a la vez que también podrán suponer una fuente de riqueza en nuevas actividades ligadas, por ejemplo, con el agroturismo o el turismo sostenible. De esta manera y teniendo en cuenta los preceptos de la *Carta de Baeza* debemos tratar al patrimonio agrario como un nuevo tipo de Bien Cultural que deba estar protegido a la vez que su puesta en valor permita su mantenimiento. El patrimonio agrario ligado a la agricultura de regadío, las acequias, albercas y otro tipo de infraestructuras agrícolas debería estar protegidos puesto que las nuevas conducciones de agua están acabando con infraestructuras centenarias que se acabaran perdiendo para siempre. Un ejemplo del camino a seguir en este sentido es la declaración en el año 2018 de los balates de piedra seca de la Axarquía, España y otros siete países europeos como Patrimonio de la Humanidad por la Unesco o la declaración como Sitio Histórico de la Alpujarra a una serie de pueblos de la Alpujarra granadina donde se protegen las acequias de numerosas poblaciones, molinos, zonas de cultivo aterrazadas etc., Este debería ser el camino a seguir en la Axarquía, camino que ya proponíamos en nuestro trabajo del año 2016 donde se proponía la creación de las Rutas Moriscas de la Axarquía, las cuales deberían incluir la declaración como Bic de caminos y escarihuelas, puentes, minas, acequias, molinos, aljibes, núcleos urbanos, iglesias y torres etc.,

Según Fernández (2016c), en la comarca de la Axarquía, llevar a cabo la protección del patrimonio etnográfico se torna, si cabe, totalmente necesario puesto que la amenaza urbanística y agrícola con los nuevos cultivos subtropicales como el aguacate y el mango pueden acabar con este riquísimo patrimonio.

6. 1. 1. La agricultura de regadío del siglo XVI en la Axarquía

A finales del siglo XVI el sector básico para la supervivencia de la población era la agricultura (Fernández, 2016). El reino de Granada era un territorio próspero en el cual la agricultura se basaba de manera principal en el trigo, la seda y los cultivos de regadío en los cuales los árabes alcanzaron una gran maestría. Según Fernández (2016), *"El territorio en el que desarrollaban sus actividades productivas los habitantes de Daimalos, a la fecha de realización del apeo, no tenía sus límites claramente diferenciados con otros pueblos cercanos. Sí se conocía la distinción entre los términos municipales de Daimalos y Arenas, aunque en el caso de otros pueblos los moriscos de Daimalos habían comprado tierras en los mismos y no se podía distinguir muy bien la línea de separación entre una y otra alquería. El término o dezmería de cada alquería a su vez se dividía en pagos, tal y como ocurre hoy en día en los pueblos de la zona. El pago es una división geográfica dentro del municipio que no tiene una concreción administrativa clara quedando sus límites dentro del conocimiento del territorio que tienen sus vecinos. Muchos de sus términos se expresan por los reconocedores en algarabía, aunque en alguna ocasión, como ocurre en el arroyo del Guaralfex, se explica por parte de estos el significado de dicho término e incluso se da cuenta de su nombre original en árabe"*. En Daimalos y en la Axarquía, según Fernández (2016), *"se siguen utilizando términos que hacen referencia a la transformación realizada por el hombre del medio para su aprovechamiento agrícola para evitar la erosión y poder obtener un mayor rendimiento. Uno de estos términos es bancal, bancales los cuales ya utilizaban los moriscos y que salvaron a la comarca de perder todo su terreno agrícola por la erosión. Los bancales salvaron a nuestra comarca de la desertización, como ha ocurrido con malas prácticas agrícolas en otros lugares de Andalucía, como en Almería. Sin embargo, las nuevas formas de adecuar las tierras agrícolas para el cultivo del mango y el aguacate en nuestra comarca están acabando con los bancales y los balates de piedra seca, lo cual, sin ninguna duda desembocara en un aumento de la erosión y por tanto de la pérdida de tierras agrícolas"*.

6. 1. 1. 1. Tipos de cultivos y estructura de propiedad de la tierra

Gracias al estudio de los LAR y en concreto al estudio de los LAR de Arenas, Daimalos, Zuheila y Algarrobo, según Fernández (2016a), nos encontramos con una estructura de propiedad de la tierra donde prima el minifundismo y la dispersión de las parcelas. Así, un mismo propietario podía tener un número elevado de parcelas que se encontraban muy distanciadas espacialmente unas de otras. También es de destacar la diversidad de los cultivos así como la localización de las mismas en distintas dezmerías o términos municipales. En este sentido es una constante encontrar que los moriscos de las alquerías anteriormente citadas poseían terrenos de cultivo de regadío en los ríos de Sayalonga, Rubite, junto a otras destinadas a sembraduras de trigo en lugares tan lejanos como el pago de las Rozas en la jurisdicción de Vélez-Málaga.

Cuadro nº 1. Superficie de los cultivos y aprovechamientos de las propiedades apeadas según municipios

Municipio de los propietarios	Morales (árboles)	Sembradura de Trigo (Celemines)	Viñas (Aranzadas)	Eriazos (Obradas)	Olivares (Obradas)	Crías de seda (Onzas)	Moreras (árboles)
Daimalos	196	5253,5	569,5	334	44	26,69	3
Arenas	8	45	112,5	4			169,5
Salares			5				
Sedella	2		20			0,25	
Sayalonga	2	18	20				
Corumbela			12				
Zuheila			2				
Total	**208**	**5316,5**	**741**	**338**	**44**	**26,94**	**172,5**

Fuente: *LAR de Daimalos. Elaboración propia.*

En lo que respecta al regadío de los moriscos en la Axarquía, Fernández (2016), dice lo siguiente: *"El regadío ha sido utilizado históricamente como sistema para mejorar la producción de la tierra incrementando sus rendimientos, regularizando las cosechas y diversificando los cultivos que se podían tener. Sin lugar a duda, fueron los moriscos, con su sabiduría y esfuerzo, manifestado a través de la puesta en marcha de una amplia red de acequias y otras construcciones para aprovechar el agua de su entorno maestros en este "arte" de diseñar los caminos del agua, obra que ha perdurado tras casi 1.000 años en lugares tan emblemáticos como la Vega granadina. Aquí ocurre lo mismo. Los moriscos de Daimalos y otras alquerías de la Sierra de Bentomiz se aprovechaban de los ríos más cercanos para poder cultivar cerca de sus cauces, siendo el cultivo principal el trigo al que se sumaban algunos frutales y hortalizas. Con el trigo en el regadío coexistían los morales y algunos árboles frutales como los albaricoques. No se menciona en el LAR la horticultura ni las plantas medicinales, aunque debido al transcurrir de la guerra estas plantas se habrían perdido. A pesar de no conocerse con exactitud que tipos de hortalizas se plantaban si conocemos la existencia de las mismas por el LAR de Daimalos puesto que en el río de Rubite se dice que había un día de la semana exclusivo para regar las hortalizas".*

Cuadro nº 2. Extensión del regadío de Daimalos (Sembradura de trigo)

Zona	Almudes	Celemines	Fanegas	Total hectáreas
Río de Rubite	20,75	11,5	14	11,89
Río de Algarrobo y Sayalonga hasta llegar al Competín		48	1	2,35
Río de Sayalonga	8,25	51	0,5	4,17
Total	**29**	**110,5**	**15,5**	**18,4**

Fuente: *Elaboración propia a partir del LAR.*

Según Fernández (2016) *"el regadío de Daimalos se situaba en los ríos de Rubite, Sayalonga y Algarrobo hasta llegar al Competín. La zona de riego más importante de los moriscos de Daimalos era el río de Rubite con casi 12 hectáreas seguidas por el río de Sayalonga con 4 hectáreas quedando en último lugar aquellas tierras que eran regadas por las acequias del Competín. En el caso de la alquería de Arenas la distribución del regadío por zonas es la misma que para el caso de Daimalos".*

Podemos apreciar en los datos anteriores como los moriscos de las alquerías sin río a pesar de la distancia tenían propiedades de riego en ríos lejanos puesto que era fundamental asegurarse todo tipo de cultivos para poder sobrevivir. Muchas de estas parcelas por la distancia estarían arrendadas aunque era habitual que los moriscos se desplazaran por los caminos durante horas para poder acudir a regar o recolectar sus cosechas en los ríos anteriormente citados. La razón principal por las cual recorrían los moriscos de la Sierra de Bentomiz y la Axarquía estas largas distancias era por la mayor productividad de los regadíos. De esta manera, la sembradura de trigo en el regadío producía 12 fanegas por año de media, frente a las tres fanegas de sembradura de cebada de secano de media al año. (Ver Cuadro Nº3).

Cuadro nº 3. Producción en fanegas de sembradura por año

Sembradura de cebada de secano	Sembradura de regadío de trigo	Sembradura de regadío de maíz
3	12	6

Fuente: *Elaboración propia a partir de las respuestas generales de 1754 del Catastro de Ensenada.*

Gráfico nº 1. Tipo de sembradura de trigo

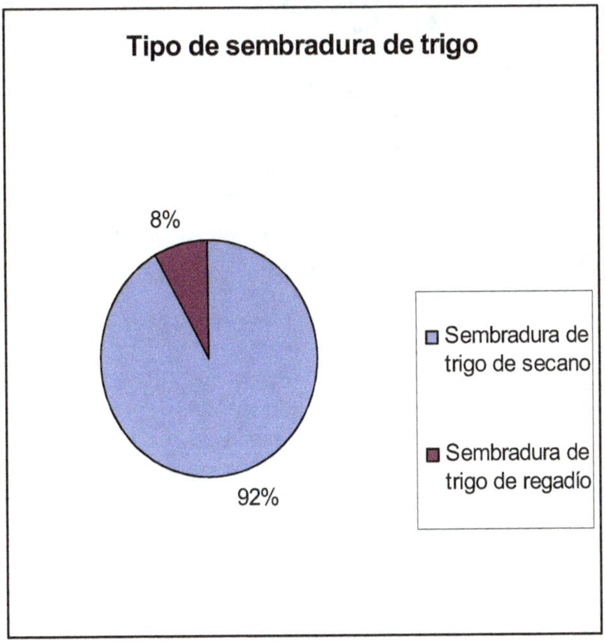

Fuente: *Elaboración propia a partir del LAR.*

A pesar de lo dicho anteriormente el cultivo de regadío del cual se obtenía una mayor rentabilidad era el moral y la morera. Así, por poner un ejemplo, la alquería de Daimalos criaba 36,25 onzas de cría de seda en el río de Rubite. Los morales eran árboles de riego puesto que siempre se situaban en cañadas donde hubiese una fuente que canalizara sus aguas para el riego o en la zona abarcable de una acequia. Otros árboles que se situaban en las zonas regables eran los granados, granados que se encontraban siempre en los lugares de riego conjuntamente con la sembradura de trigo y los morales. Según Fernández (2016) este árbol frutal es traído a España por los bereberes utilizándose las granadas para comerlas frescas o como bebida refrescante. Además, se utilizaban las granadas como remedio para las enfermedades de garganta, los cólicos o la diarrea. Uno de los cultivos de regadío de mayor importancia eran las cañas de azúcar de las cuales tenemos constancia de su existencia, por ejemplo, en la visita de Arévalo de Suazo de 1574 donde se les da a cada suerte 5 celemines de tierras de riego para cañas de azúcar en la alquería de Torrox. (Ruiz, 2015). La caña de azúcar ya se cultivaba en la comarca de la Axarquía y Sierra de Bentomiz en el siglo XII puesto que existen crónicas de dicho siglo donde se habla de la abundancia de la caña en Salubiña (Salobreña) y Samayala (lugar no localizado de Málaga), Santiago y Guzmán (2007). El producto obtenido de la caña de azúcar se destinaba al comercio internacional y según Santiago y Guzmán (2007) en las aduanas de Barcelona o Génova el azúcar nazarí se conocía con el nombre genérico de Azúcar de Málaga, azúcar que se exportaba desde los puertos de Málaga, Vélez y Almuñécar, situándose las plantas de transformación en la costa de Motril, Almuñecar y la Axarquía, aunque de estas plantas en la época musulmana apenas se conservan datos. Además de Torrox también se tienen datos del cultivo de la caña de azúcar en Vélez-Málaga, donde en el Libro tercero del Repartimiento de Vélez-Málaga de 1496, aparece, según Santiago y Guzmán (2007), una pequeña referencia a dicho cultivo. A este respecto se dice: *"Huerta linde con Alonso de Arévalo, fasya las cañas dulces, vendíla al dicho Alonso de Arévalo"*. Así mismo en el Informe previo de Arévalo de Suazo para la repoblación de la Axarquía y Sierra de Bentomiz, tras la revuelta morisca, se nos habla sobre la existencia de dos ingenios azucareros, los dos primeros ingenios azucareros de los que se tiene noticias en esta zona, el ingenio Alto y el ingenio Bajo de Torrox. Gran parte de las tierras de riego de Torrox y sus anejos de Lautín y Periana estaban plantados de cañas de azúcar así como gran parte de las tierras de riego de Frigiliana, Maro y Nerja. El regadío es habitual en la llamada Sierra de Bentomiz que era la zona que se extendía desde Arenas hasta Frigiliana. En la Axarquía, es decir desde Vélez-Málaga hasta Málaga, tienen menor importancia los cultivos de riego, los cuales no se mencionan en la visita de Arévalo de Suazo de 1575 en alquerías como Macharaviaya, Benaque, Almáchar, Benamargosa, El Borge, Cútar, etc., En todos estos pueblos, cuando en dicha visita se pregunta por acequias se responde que no hay ninguna acequia. Sí existe la tierra para riego en Comares donde hay ocho fanegadas con morales y dos molinos en el río de Riogordo.

6. 1. 1. 2. Paisajes agrarios y naturales

Gracias a los LAR podemos realizar una incipiente reconstrucción del paisaje del siglo XVI tanto agrario como forestal, reconstrucción que, según Fernández (2016), se realiza desde un punto de vista parcial, puesto que las únicas fuentes utilizadas han sido los LAR, las visitas anteriores y posteriores a la realización de los mismos, así como la cartografía histórica que se encuentra disponible. A este respecto, tenemos que resaltar la maestría que habían alcanzado los musulmanes con el paisaje de regadío. En este sentido Fernández (2016) nos dice lo siguiente: *"En primer lugar todas las alquerías se situaban justo encima de una acequia y bajo la zona del monte. El terreno irrigado se encontraba bajo esta acequia. Este patrón es el que siguen las mayoría de alquerías de origen árabe del Reino de Granada. Ejemplos cercanos los encontramos en Sayalonga, Batahis o Zuheila. En otras alquerías, como Daimalos, sin embargo, no existe ningún curso fluvial de importancia. Este tipo de alquerías sí cuentan con una fuente caudalosa que tiene agua todo el año.*

Así, desde esta fuente y mediante atanores se acumulaba el agua en un depósito situado bajo esta. Desde aquí se canalizaba el agua a las distintas hazas las cuales incluso hoy en día se mantienen. Por poner un ejemplo en las dos cañadas que limitan con el casco urbano de Daimalos su frescor permitía que pudiesen crecer morales y moreras por lo cual el paisaje era mucho más verde y arbolado que hoy en día. Actualmente el paisaje de esas cañadas se encuentra poblado de almendros, viña y olivos desapareciendo todo rastro de vegetación natural ".

Imagen *: Zona de huertas junto a Daimalos irrigadas por la fuente Principal.*
Fuente: Valentín Fernández

Del estudio de los Libros de Apeo y Repartimiento de la Axarquía podemos concluir que, aparte del espacio agrario de secano o irrigado, el espacio forestal de la comarca era mucho más amplio del que es actualmente. A diferencia de hoy en día no toda la tierra se había roturado. Según Fernández (2016), junto a los cultivos existían numerosas zonas cubiertas por monte mediterráneo cuyas especies principales eran las encinas y los algarrobos. A aquel terreno entre zonas de cultivo que todavía seguía cubierto por monte se le denominaba *manchón*, término que ha evolucionado y que hoy en día se utiliza con el nombre de *menchón* para designar a aquellos terrenos agrícolas abandonados y en los que existía un monte bajo de tipo mediterráneo.

Imagen: *Fuente Pintada (Arenas). Esta fuente era la fuente principal de la desaparecida alquería de Arenas el Viejo*

Uno de los árboles más habituales de la zona de monte eran las encinas y los chaparros que son aquellas matas de encina con poca altura. Todavía se pueden encontrar en la cercanía de los pueblos de la Axarquía, sobre todo en las umbrías, manchones de encinas y chaparros que mantienen el recuerdo del paisaje de hace ya cinco siglos. En aquella época no todos los terrenos estaban cultivados. Muchos de los terrenos, sobre todo los más escarpados, estaban ocupados por monte mediterráneo. El monte era igualmente sumamente necesario para la vida diaria y las actividades agrícolas puesto que de él se obtenía la madera para hacer cajas para envasar las pasas, para los hornos de pan, para las caleras, etc., Igualmente habían numerosos colmenares que se situaban cerca de las zonas de monte para que las abejas pudieran utilizar las flores de estos montes para producir miel de primera calidad. El monte contaba con numerosas reglas puesto que se consideraba que era un bien de todos y no se podía roturar libremente. Para la roturación del mismo se necesitaba un permiso de las autoridades, permiso que con la conquista castellana cada vez se entregaba con mayor facilidad. Fue de interés de los Reyes Católicos la puesta en cultivo de manera acelerada de numerosas tierras destinadas al viñedo. En esta época es cuando se comienza la deforestación de los montes de la axarquía provocando que las lluvias torrenciales arrastraran parte del terreno de la Axarquía que acabo colmatando por completo la desembocadura del río Vélez.

Imagen: *Monte mediterráneo frente a Daimalos. Fuente: Valentín Fernández*

Sin embargo a este respecto es importante resaltar que estos menchones están desapareciendo de una manera acelerada debido a la plantación de mangos y aguacates. A pesar de ser árboles protegidos existen numerosos ejemplos en la comarca donde el monte bajo y el matorral está siendo arrasado por los enormes movimientos de tierra que suponen las nuevas plantaciones de mango y todo ello ante la inacción de las autoridades.

6. 1. 1. 3. La vida morisca gira en torno al agua y a sus caminos: fuentes y acequias

Como hemos visto con anterioridad la ubicación de las alquerías árabes estaba condicionada por dos elementos primordiales ligados al agua, las fuentes y las acequias. Las fuentes eran lugares donde beber utilizandose el agua sobrante para regar. Por su parte, las acequias eran la principal vía de irrigación de los campos de regadío, regadío que como hemos visto con anterioridad, era uno de los principales medios de vida.

6. 1. 1. 3. A. Las fuentes.

Según Fernández (2016) en la época en la que se realizaron los LAR las fuentes de agua eran fundamentales para la subsistencia de la población. Todas las alquerías moriscas se situaban junto a una o varias de ellas las cuales podrían proveer convenientemente a la población. Tal es la importancia de las mismas que al realizar los apeos también se apean las fuentes, las cuales son propiedad en muchos de los casos de todos los vecinos aunque en otras ocasiones se sitúan en fincas privadas si bien a sus aguas pueden acceder todos los vecinos. A este respecto dice Fernández (2016) *"E despues de lo susodicho a veynte y siete dias del mes de março de mil y quinientos y setenta e dos años el dicho Alonso Gomez apeador ante el dicho señor juez apeo una fuente de agua que esta*

25

junto y fuera y cerca de la villa de Daimalos en la parte de arriva del pueblo la qual el dicho apeador dixo ser agua continua la que nunca falta e con ella que no se riega y puede regar tierra alguna mas de ser que este dentro de la villa".

Imagen: *Fuente Principal de Daimalos. Fuente: Pedro González Conejero*

Imagen: *Interior de la Fuente Principal de Daimalos. Fuente: Pedro González*

Imagen: *Pozuela del arroyo de la fuente del Lugar. Fotografía: Valentín Fernández*

El deposito que vemos arriba aprovecha también el manantial de ese arroyo. Está excavado en la roca cerrándose el mismo mediante un muro medieval el cual tiene adosado otro depósito de menor tamaño que servía para canalizar las aguas a su lugar de destino así como de abrevadero para los animales. Fernández (2016) sobre este depósito dice lo siguiente (Página 234r del LAR de Daimalos): *"Un moral que hera de Bartolome de Lerma que esta junto a la pozuela del arroyo de la fuente del Lugar"*.

Otro ejemplo de fuente árabe utilizada para consumo humano y para riego se encuentra en Daimalos bajo el Ejido. Esta fuente cuenta con una estructura de atanores que aprovecha el agua sobrante para el riego de unos cuantos bancales bajo la misma. Este es un ejemplo más de la maestría de los musulmanes con el riego. Aprovechaban cualquier nacimiento de agua para la utilización de sus aguas y mediante una canalización dirigirlas a una zona de riego que se encontraba bajo la misma. En esta zona regable se plantarían desde hortalizas a frutales y trigo de regadío aunque debido a su poca extensión y su cercanía al casco urbano más bien se debía destinar al riego de hortalizas en verano y de árboles frutales.

Otra fuente de gran valor histórico y con la que regaba una amplia extensión de tierras era la fuente Pintada. De ella según Fernández (2016) se dice lo siguiente: *"Apeose otra fuente por de Arenas esta en la vereda a Daymalos y la dicha no cesa que le falta agua los veranos y no se riega nada con ella"*.

Esta fuente es la fuente Pintada la cual está en el camino de Daimalos y según lo que nos dice el LAR en verano se queda sin agua. Al lado derecho de la fuente Pintada se encontraba la división entre las dezmerías de Arenas y Daimalos, división que seguía la línea del arroyo denominado de los Alamos.

Esta fuente se encuentra en un buen estado de conservación aunque debería realizarse alguna labor de actuación de mejora en la misma retirándose las tierras que en su momento la dejaron semienterrada. El interior por su parte presenta un estado de conservación muy bueno que habría que respetar.

Imagen: *Interior de la Fuente Pintada. Detalle de arco y pintura. Fuente: Valentín Fernández*

Imagen: *Fuente árabe de Daimalos. Fuente: Valentín Fernández*

Imagen: *Cúpula interior de la fuente árabe de Daimalos. Fuente: Valentín Fernández*

Imagen: *Fuente de Cornite. Fuente: Valentín Fernández*

Imagen: *Alberca medieval de la fuente de Cornite. Fuente: Valentín Fernández*

De la fuente de Cornite, Fernández (2016) dice lo siguiente: *"De ella se habla en el LAR de Daimalos en varias ocasiones, así en la página 39v se dice"*:

"Y se llego a un texar que esta en el Amoxonera que viene de la fuente de Cornite".

También se menciona a la fuente de Cornite en la página 39r:

"Apeose el horno de hacer texas y ladrillos que hera de Francisco Aven Hocey y su hermano moriscos vecinos de Daimalos y esta junta al arroyo que viene de la fuente de Cornite".

Tenemos otros muchos ejemplos de fuentes y de la utilización de sus aguas para riego en el LAR de Sedella. Así Bru (2014) nos habla de diversas fuentes como la Fuente de las Aulagas, la fuente Ayuna (fuente situada en el núcleo urbano de Sedella y que tiene un pilar con dos caños con su alcubilla y una alberca). Otras fuentes de las que nos habla Bru (2014) son la fuente Ayuna Arrabal, fuente que sale de la Sierra Texeda por encima del fuerte de Sedella con la cual se regaban hazas de Rubite, Salares y Benascalera, siendo además su caudal utilizado para el funcionamiento de un molino. Otras fuentes a las cuales hace referencia Bru (2014) son la fuente Ayna Soltán, la fuente Ayn Alhiçen, la fuente Ayn Alxunamite o fuente de las Huertecillas, que como su nombre indica debía regar algunas huertas bajo la misma. Sigue Bru (2014) relacionando otras fuentes como la fuente Barca Hadid, fuente y pago de la Alberca del Herrero. Como curiosidad en el LAR de Sedella se relaciona un pago relacionado con aguas termales, el pago Caldora, termino que proviene del latín *calda,* pago que junto al Handac Alhama nos podrían indicar la existencia de aguas termales en Sedella. Sigue Bru (2014) haciendo referencia a otras fuentes como la fuente Coton Albarrada que es una fuente cercana a Sedella, *"con una alberca por bajo de ella utilizada únicamente para regar".* Otra fuente de gran importancia en este caso para la alquería de Sedella sería la fuente El Deire, la cual se sitúa en el casco urbano llamándose así también un pago de regadío con gran abundancia de morales. También en otras alquerías como Rubite se localizan fuentes como la fuente Tahat Alcaria la cual está situada junto al lugar de Rubite. Como hemos podido observar en el apartado destinado a las fuentes todas siguen el mismo patrón. Desde la fuente se canaliza el agua a un deposito, que se encuentra bajo la misma, desde el cual mediante atanores se riegan varias hazas en las cuales se plantan hortalizas, árboles frutales y sembradura de trigo. Su escasa extensión nos indican, por otra parte, que esta agricultura era una agricultura de subsistencia puesto que para poder obtener una renta de los productos que se obtenían de ella debería tener una mayor amplitud.

En el apartado anterior hemos estudiado como los moriscos de la Sierra de Bentomiz aprovechaban de una manera magistral todos los recursos hídricos a su alcance. Así las fuentes a pesar de su escaso caudal y que este era compartido con su uso humano, una vez satisfecho este último, se utilizaban para el riego. Este riego, si bien no era de gran importancia, si cumplía la función de asegurar el riego de algunos morales, árboles frutales y hortalizas, riego que de manera magistral aprovechaba hasta la última gota de agua disponible. En este apartado vamos a estudiar el uso de las acequias las cuales sí aseguraban un caudal constante de agua que permitía regar una extensión mucho más amplia, sobre todo en las vegas de los ríos Vélez y Algarrobo.

A este respecto Fernández (2016) dice lo siguiente para el caso de Daimalos: "*Si bien la mayor parte de las tierras de Daimalos eran de secano, las más productivas eran las de regadío donde además se cultivaba trigo que era básico para su alimentación, a la vez que con este podían obtener un excedente que les podía proporcionar unas rentas vitales para la subsistencia de sus familias. (...) Además, en el río tenían los moriscos la mayor parte de sus morales (...) puesto que por aquel entonces el riego de los morales y moreras facilitaba que los árboles fuesen más grandes y tuvieran más y mejores hojas con lo cual la calidad de la seda era mejor. Los moriscos habían llegado a tener una gran maestría en la construcción de acequias calculando sus pendientes de tal manera que siguieran las curvas de nivel y con una pendiente tal que el agua ni fuese muy rápida, pudiendo desbordarlas, ni muy lenta para evitar que el agua se estancara y no llegara de manera rápida a su destino, a la vez que seguían unas técnicas de trazado y reparto que se ha mantenido hasta fechas muy recientes*". Según Fernández (2016), además de su construcción eran expertos en su mantenimiento que se hacía de manera comunal entre todos los vecinos. Así. una vez al año se conformarían cuadrillas de agricultores que desde la presa hasta el cabo de las acequias recorrerían la misma limpiando sus márgenes de malas hierbas, carrizos y cañaverales así como su cauce de desprendimientos de tierra que impidieran su discurrir habitual. Para el mantenimiento de las acequias había un oficial el cual ha derivado en el nombre de sobreacequiero, término que se ha seguido utilizando hasta no hace mucho tiempo. Las acequias cumplían una doble función, la de asegurar el riego y por otro lado la de abastecer a fuentes mediante la filtración de sus aguas que garantizaban el consumo humano de los vecinos de las alquerías cercanas. Hemos hablado también con anterioridad de la diversificación de la agricultura andalusí, tanto en cultivos como en zonas cultivables. Por poner un ejemplo, los moriscos de Daimalos, Arenas, Zuheila, Batahis, etc., tenían regadío en tres lugares diferentes, el río de Rubite, el río de Sayalonga y en la pertenencia del Competín en Algarrobo. Aunque prácticamente similares, sin embargo, en cada lugar existían unas costumbres diferentes en cuanto a la organización del riego. En cuanto a su mantenimiento las acequias estaban perfectamente acondicionadas, incluso tras la Guerra de los Moriscos. En el Informe dado por don Francisco Arévalo de Suazo de 1574 (Ruiz García, 2015), se dice que las acequias estaban abiertas y limpias en casos como el de Benamocarra y en Canillas de Albaida, donde además se añade que se sirven de ellas Canillas de Aceituno, Salares, Benascalera y Sedella. En otros casos la situación de las acequias no es la misma que en los casos anteriores, estando muchas de ellas prácticamente inservibles. Este es el caso por ejemplo de Árchez, donde se dice "*que algunas de las acequias están abiertas y limpias, excepto dos que por estar perdidas y desbaratadas no se pueden arreglar si no es con mucha costa*". En Corumbela ocurre el mismo caso, puesto que se dice, en el informe anteriormente citado, "*que las acequias están por labrar y limpiar y costará mucho el reparo de ellas*". Ocurre igualmente en Daimalos donde se dice que algunas de las acequias están abiertas y limpias y otras no. Con bastante probabilidad, tras la repoblación de la Axarquía y la Sierra de Bentomiz, muchas de las acequias que se desbarataron en la guerra, durante cientos de años no se volvieron a poner en funcionamiento. A pesar de ello durante finales del siglo XIX, según testimonios orales, y coincidiendo con el florecimiento agrícola de la comarca con los viñedos, muchas de estas antiguas acequias volvieron a utilizarse, creándose incluso otras nuevas como es el caso de Sayalonga, donde se abrió la acequia llamada "Nueva".

Cuadro nº 4. Acequias que utilizaban los moriscos de Daimalos

Nombre de la acequia	Observaciones
Acequia del Molino de Daimalos en el río de Sayalonga	La acequia del molino de Sayalonga
Acequia del río de Rubite	Acequia del molinillo de Salares
Acequias en el río de Sayalonga	Hoy denominadas acequia del Cerrillo y del Tajo Pío
Acequia del Competín	Se dividían por pagos y cada uno se regaba un día de la semana

Fuente: *Elaboración propia a partir del LAR de Daimalos*

Según Fernández (2016), los moriscos de Daimalos utilizaban cinco acequias principales de las cuales tenemos noticias por el LAR. Estas acequias mayores por ser conocidas por el trabajo del LAR de Daimalos son las que vamos a estudiar con mayor detenimiento en este trabajo como ejemplo de como serían las acequias en la Axarquía durante esta época de la Edad Moderna.

6. 1. 1. 3. B. 1. Acequia del molino de Daimalos

Esta acequia, además de dar servicio al molino del que se servían los vecinos de Daimalos, servía para regar numerosas hazas que se encontraban bajo la misma. A este respecto Fernández (2016) dice lo siguiente: "En la página 204v del LAR de Daimalos se dice lo que sigue: *La haça de Juan Jofa linde con la acequia del molino dasele un moral que esta junto a la casa del beneficiado*".

En este párrafo anterior, por tanto, se aprecia la doble utilización de dicha acequia, para uso del molino y para riego. No solo irrigaba hazas de riego sino que también servía para el riego de los morales como así se atestigua en la página 224r del Lar de Daimalos. *"Y el saquil hera de Juan Alguazil que todo linda con el monte y con el molino de Sayalonga y los dos morales que estan junto al molino son de vecinos de Sayalonga"*.

Esta acequia tomaba el agua directamente del río de Sayalonga, aguas arriba del molino, mediante una presa construida con grandes piedras las cuales protegían la acequia y dirigían directamente las aguas hacía una balsa de almacenamiento justo encima del molino. Esta balsa o azud permitía lograr más presión en el agua al no ser la corriente del río muy fuerte en verano, dirigiéndola posteriormente al molino, que era del tipo denominado de canal o de caz (Fernández 2016). Sigue diciéndonos Fernández que el tramo inicial de esta acequia era de tierra, con una anchura variable entre 50 cm y un metro, aunque hoy en día se encuentra semienterrada por el río. Tan solo el gran tamaño de las piedras que forman la acequia nos permite conocer cual era su trazado inicial. Una vez que la acequia dejaba el río atravesaba una cañada mediante un canalón de madera para posteriormente seguir su trazado hasta el molino.

Los muros junto al río se encontraban protegidos por mortero de cal para preservarlos de ser destruidos por las crecidas del río. A partir de aquí, y hasta llegar al molino la acequia era de tierra y estaba cubierta por mortero de cal en algunas partes de su trazado final. Hoy en día esta acequia ha quedado en desuso al regar su propietario los árboles que hay junto al molino con el agua proveniente de la acequia Nueva, que no existía en tiempo de los musulmanes. La acequia tenía una longitud de 625 metros encontrándose su trazado entre las curvas de nivel de los 250 y 260 metros.

Imagen: *Presa antigua de la acequia del molino. Fuente: Valentín Fernández*

Imagen: *Muro medieval de contención de la acequia del molino. Fuente: Valentín Fernández*

6. 1. 1. 3. B. 2. Acequia del río de Rubite

Según Fernández (2016), el río de Rubite era una de las principales zonas de riego de los moriscos de la localidad. Existían varias acequias a ambas márgenes del río que regaban numerosas hazas donde de manera principal se sembraba trigo aunque contaban dichas hazas con árboles frutales como los albaricoques y los granados y con numerosos morales y moreras para la cría de seda. A este respecto y según Fernández (2016), el LAR de Rubite dice lo siguiente: Página 46r: *"Declararan lo que supieren e los tres en presencia del dicho señor juez y de mi el dicho escrivano cumplieron apeando desde el dicho molino de Rubite todo el rio abaxo las haças y morales que los dichos moriscos tenían de riego en el dicho río en la forma siguiente".*

La forma en que se regaban las acequias de Rubite presenta algunas diferencias con otras zonas regables (como por ejemplo las acequias de Algarrobo). Así, las acequias sacaban el agua del río de Rubite regándose a continuación por orden, siendo los primeros que regaban los que estaban al principio de la acequia y así hasta que se regaran todas las hazas. Fernández (2016) nos dice que una vez que se había regado se devolvía el agua al río, río de Rubite del que también se habla en el LAR de Sedella y Rubite. Nos sigue diciendo Fernández (2016), que el LAR de Rubite, Sedella y el de Daimalos nos deja bien claro como era el riego de Rubite. Bajo Salares se juntaban dos ríos, el de la margen derecha y el de la margen izquierda. Estos dos arroyos agua arriba eran utilizados por los vecinos de Salares, Sedella y Benascalera. Una vez juntos comenzaban a regar las tierras de Rubite donde había dos acequias, una a la mano derecha que finalizaba en el camino de Rubite a Vélez y otra a la mano izquierda que finalizaba en el arroyo de Tozones. Para más abundamiento dice Fernández (2016) que la acequia de la mano derecha actualmente ha sido entubada por los escasos vecinos que se sirven hoy en día de sus aguas. Anteriormente una parte de su trazado había sido revestido de mortero de cemento y ladrillo encontrándose en su estado original el tramo de acequia que hay bajo el molino de Rubite. Este tramo de acequia es similar a la utilizada por los moriscos, una acequia de tierra de unos 50 cm de anchura y que se puede apreciar de manera perfecta siendo su estado de conservación bastante bueno. Su longitud es de 1,7 km finalizando en el arroyo de Tozones siguiendo un trazado entre las curvas de nivel de 490 y 480 m. La acequia de la margen izquierda es sumamente interesante en cuanto su nacimiento (no se encuentra en el mismo río sino en una fuente), la fuente Albarrá. De esta fuente da cuenta el proyecto Manantiales y Fuentes de Andalucía, proyecto que al respecto y en el año 2012 dice lo siguiente: *"Por lo que se puede ver, el agua surge en dos sitios, uno de ellos es entre las rocas del fondo, en el que se aprecia claramente como la arena es levantada, borboteando, impulsada por la fuerza del agua surgente. El segundo punto de emisión se sitúa en una grieta de la orilla en la que, al estar por encima del nivel del agua, se ha habilitado una pequeña pileta con su caño, aunque tiene el inconveniente de que algunos veranos puede llegar a secarse".*

Imagen: Acequia del molino de Rubite. Fuente: Valentín Fernández

Imagen: *Acequia del lado izquierdo del río de Rubite. Fuente: Valentín Fernández*

Imagen: *Regadío del lado derecho del río Rubite. Fuente: Valentín Fernández*

Con respecto al riego del río de Rubite hay una particularidad que no se ha encontrado en ninguna otra zona regable de la antigua sierra de Bentomiz o Axarquía. A este respecto Fernández (2016) dice lo siguiente: *"E los dichos domingos no se riega otra cosa sino la hortaliça porque para aquel efeto se toma entonces el agua y los domingos esta dedicado para el icho efeto y questo ansi es costunbre usada e guardada de tiempo inmemorial e que quando se riegan las demas çaquies tanbien riegan la dicha hortaliza como les biene la bez por la horden que tienen declarado"*. Esta particularidad de Rubite, que no hemos encontrado en otros LAR de los estudiados, obedecía a la mayor necesidad de agua de las hortalizas para que así se regasen al menos dos veces en semana, la vez que le tocaba por el turno y los domingos. Los domingos discurría el agua por las acequias regándose tan sólo las hortalizas por lo cual el riego era más rápido. Durante el resto de días se regaba el día que le tocase a la haça de que se tratara según las personas que hubieran regado, regándose la totalidad de la haça que como hemos estudiado en su mayor parte estaba sembrada de trigo.

6. 1. 1. 3. B. 3. Acequias en el río de Sayalonga

Según Fernández (2016), estas acequias eran las que proveían de agua a la zona de regadío de los moriscos de Daimalos en el río de Sayalonga. En el LAR se dice lo siguiente sobre ella:

"Las haças se riegan con el agua del dicho rio de Corunbela el qual nace arriba de Canillas de Albaida e que del dicho rio se saca la dicha agua por sus acequias".

Nunca se menciona en el LAR el nombre de la acequia aunque por la información que se nos ofrece los moriscos de Daimalos tenían tierras regadas en ambas márgenes del río de Sayalonga. Una prueba de ello es la siguiente:

"Apeose una haça con dos morales que hera de Alvaro Mayordomo de Daimalos linda con haça de Diego Talira alguacil de Sayalonga morisco e por la parte alta con monte de Sayalonga de

37

secano"[3].

Este párrafo anterior y según Fernández (2016) muestra como los moriscos de Daimalos tenían tierras de regadío en esta margen izquierda puesto que las tierras sobre estas haças se dicen que eran montes de Sayalonga. La propiedad de tierras de moriscos de Daimalos en la margen derecha la encontramos en el párrafo siguiente:

"Apeose ocho çaquiles que estan inclusos unos en otros que heran de Alfanduz morisco de Daimalos con trece morales linda con el rio e con tierras de secano de Daimalos del dicho Alfanduz"[4].

La mayoría de las hazas apeadas están cerca del río lo que nos lleva a pensar que las acequias que utilizaban los moriscos de Daimalos estaban cercanas al río por la cual desecharemos la acequia llamada Nueva como una de las existentes en la época. Según los datos que nos ofrece el LAR tenemos la seguridad de que existían tres acequias, la acequia de la margen izquierda que hoy en día se llama del Tajo Pío, la acequia de la margen derecha llamada del Cerillo y la acequia del Molino.

De la acequia del Molino ya hemos hablado con anterioridad y siguiendo a Fernández (2016), ahora lo hacemos de las acequias del Cerrillo y del Tajo Pío. La acequia del Cerrillo tiene su presa justo bajo el molino de Daimalos en el río de Sayalonga. Esta acequia llevaba el agua hasta el pago conocido como el Lavadero, una zona de riego frente a Sayalonga. El riego de los moriscos de Daimalos, sin embargo, se encontraba en la zona inicial de esta acequia situándose la mayoría de las suertes entre la acequia y el río. La zona final de esta acequia es donde Manuel Fernández Mota (2005, p.103) sitúa la alquería de Competín citada en el LAR de Sayalonga, Algarrobo y Daimalos. Sin embargo la investigación archivística llevada a cabo para realizar este trabajo nos ha permitido demostrar de una manera empírica que Competín se encontraba en Algarrobo[5].

Imagen: *Acequia del Cerrillo en Sayalonga. Fuente: Valentín Fernández*

---

3   Página 114v LAR Daimalos
4   Página 114r LAR Daimalos
5   Hablaremos con mayor profusión sobre Competín al hablar sobre la acequia y riego del Competín.

Cerca de la zona propuesta por Fernández Mota existe una gran acumulación superficial de material cerámico que nos permite asegurar que existía una alquería árabe. Martínez Enamorado y Chavarría Vargas (2006) mencionan el poblado de Lawsa Ibn Yamil citado en fuentes árabes, siendo esta alquería a la que se trasladó el abuelo de Muhammad al-Salik con su mujer e hijo. Este se había casado con una mujer de Jayr Lunquh (¿Sayalonga?) trasladándose después a Daymalus y más tarde a Lawsa ibn Yamil. Posteriormente marcharon a Suhayla. Como podemos comprobar todos estos lugares se encontraban cerca de Bentomiz y vinculados a dicha fortaleza. Son, como dicen Martínez Enamorado y Chavarría Vargas, desplazamientos de corto recorrido. Estos autores identifican a esta alquería con la Loxuela de Torrox y Gozalbes Cravioto (2002) con la torre de Lagos. Sin embargo ninguno de estos lugares se encuentran cercanos a Sayalonga y Daimalos. La alquería de Lawsa y siguiendo las tesis de cercanía expuestas anteriormente creemos que se encontraba en este pago del Lavadero de Sayalonga, lugar donde existen numerosos restos cerámicos y de ladrillos y que confirman la existencia de una alquería. Incluso en un terraplén encima de la acequia a simple vista se pueden observar restos humanos.

Imagen: *Localización probable de la alquería de Lawsa IbnYamil. Fuente: Valentín Fernández*

Esta alquería cumplía el prototipo de alquería árabe situándose sobre una acequia que proporcionaría agua abundante para mantener el abastecimiento humano además de tierras de regadío que permitiera la subsistencia de dicho núcleo poblacional. Este sistema de asentamiento ha sido ampliamente estudiado durante los últimos quince años con el objetivo de identificar la arquitectura relacionada con los regadíos tradicionales, tipologías, funcionalidades y dimensiones reales (Hermosilla Pla, J; Peña Ortiz, M, 2013). Los sistemas de regadío según Hermosilla y Peña están definidos por una marcada línea de rigidez definida por el trazado de la acequia principal o madre, de la que deriva el entramado de acequias, brazales y riegos menores. Su recorrido depende de los mayores o menores gradientes topográficos que salva en su discurrir. En este proceso tecnológico de diseño, materialización y funcionamiento de un sistema de riego, la nivelación constituye una tarea compleja pues el movimiento del agua de las acequias requiere un ritmo pausado que permita el control del recurso. Además de lo dicho anteriormente cumplía esta alquería otra de las características apuntadas por Bosque Sendra (1974, p.109), para el caso de las poblaciones de Sierra Nevada, y es su situación en la línea de los valles, capacidad concentradora que se observa en el valle del río de Sayalonga y Algarrobo con la existencia de numerosas alquerías como la aquí citada, Rihanas (desaparecida) Sayalonga, Corumbela, Árchez, Cómpeta, Canillas de Albaida, Algarrobo, Batahis (desaparecido) y Competín (desaparecido). Las tierras de cultivo según el mismo autor se reparten en pequeños trozos aislados en el interior de los numerosos valles y barrancos. Según Fernández (2016) autores como Calvo et al (2011) sobre la situación de las alquerías islámicas de Calvía apuntan lo siguiente:

"Se ha comprobado que, como sucede en otros valles de la Sierra de Tramuntana, el patrón de asentamiento está rígidamente determinado por la presencia de diversos puntos de captación de agua y las posibilidades de canalizarlas... Las zonas donde se ubican las alquerías coinciden con lugares en los que actualmente se documentan sistemas hidráulicos (...) formados por acequias que captan y distribuyen el agua. Las estructuras asociadas a las alquerías nunca se situaban plenamente en los terrenos de explotación, sino que lo hacían al pie de alguna estribación montañosa cercana, en la que hubiera algún afluente o fuente de captación de agua. Parece ser que el factor principal a la hora de realizar el asentamiento era una adecuada conjunción entre las posibilidades hídricas y de explotación agro-ganadera del medio, lo que denota un alto nivel de conocimiento de las posibilidades del territorio (....) Las posibilidades hidráulicas fueron, en todos los casos, el factor determinante, por lo que todas las alquerías se sitúan a menos de 300 metros de algún punto de captación de agua. También se ha constatado una relación visual directa entre las alquerías y los terrenos de explotación, lo que incide en la intención de controlar directamente el territorio básico de subsistencia". Estos datos anteriores nos permiten suponer que la alquería de Lawsa se encontraba sobre la acequia hoy llamada del Cerrillo no existiendo la llamada acequia Nueva la cual de existir en época islámica tendría su riego en la zona donde se situaba la propia alquería, situación que como hemos visto anteriormente no se producía al no situarse las alquerías plenamente en los terrenos de explotación.

La acequia del Cerrillo riega una superficie de 6,88 hectáreas y dispone de una concesión de caudal de 6,88 l/s correspondiendo su gestión a la Comunidad de Regantes de Sayalonga, comunidad constituida el día 5 de marzo de 1955. La longitud de la acequia es de 1,7 km encontrándose su trazado entre las curvas de nivel 230 y 240 m. Hoy en día el trazado es el mismo que tenía cuando fue construida aunque en la década de los 80 del siglo XX fue hormigonada siendo porteriormente entubada en los primeros años del siglo XXI. Actualmente la mayoría de los regantes irrigan sus propiedades mediante riego localizado aunque una parte de ellos continúan haciéndolo a manta o por inundación.

La acequia conocida hoy como del Tajo Pío es la tercera acequia utilizada por los moriscos de Daimalos para regar sus heredades en el río de Sayalonga. Esta acequia es la que se encontraba en la margen derecha del río comenzando desde el molino. En esta acequia se situaba la mayor parte del riego de Daimalos en este río por tener su presa a mayor altura y por tanto permitir mayor superficie para riego en la zona cercana al molino de Daimalos. Tenía su presa en el pago de los Tabacos encontrándose su cabo tras cruzar el arroyo del pueblo de Sayalonga, siendo la acequia de mayor importancia por aquel entonces en esta zona del río para los moriscos de Daimalos y Sayalonga.

En el LAR de Sayalonga se denomina a esta zona como pago de las Caleras por la existencia de tres caleras, siendo una de ellas propiedad de los moriscos de Daimalos. Tal y como describe el LAR de Daimalos junto a esta zona de riego pasa el camino que desde Daimalos y Corumbela se dirige a Sayalonga siendo la principal vía de comunicación entre estos pueblos hasta la construcción de las modernas carreteras a lo largo del siglo XX.

Imagen: *Acequia del Tajo Pío en Sayalonga. Fuente: Valentín Fernández*

Esta acequia, según Fernández (2016), conserva hoy en día su trazado original, observándose el mismo a lo largo de todo su recorrido. Ese trazado fue modificado en los años 80 del siglo XX al ser hormigonada la acequia. Actualmente podemos observar dicho trazado aunque la acequia discurre entubada en todo su recorrido introduciéndose los tubos por el canal de la acequia tal y como podemos ver en la imagen anterior. Las otras acequias aquí mencionadas, Cerrillo, del Molino y Nueva, siguen siendo utilizadas (excepto la acequia del Molino). Todas mantienen su recorrido original aunque al igual que en el caso del Tajo Pío fueron hormigonadas en los años 80 del siglo XX, para en la década de los 90 y 2000 ser entubadas con tubos de pvc. El riego, en su mayoría, se realiza hoy en día localizado aunque todavía algunos agricultores lo hacen a la manera tradicional, a "*manta*" o por "*inundación*". Todas estas acequias se encuentran hoy en día administradas por la Comunidad de Regantes de Sayalonga. la cual administra la mayoría de las acequias del término municipal de Sayalonga, a excepción de las utilizadas por el núcleo urbano de Corumbela y las que toman sus aguas para el riego de Algarrobo. Tiene una longitud de 2,7 km y riega una extensión de 10,47 hectáreas con un caudal concedido de 10,47 l/s siguiendo su trazado las curvas de nivel que se sitúan entre los 220 y 200 m.

Estas acequias al estar ya entubadas no conservan ninguna parte de su constitución original, aunque si sigue su trazado su diseño primigenio por lo que en algunos tramos podría señalizarse y utilizarse para ser visitada con un objetivo didáctico. La más adecuada para ser utilizada turísticamente es la acequia del Cerrillo durante su trazado final a lo largo del pago conocido como "*El Lavadero*", lavadero que hoy conocemos gracias al LAR que era el del lino.

6. 7. 4. 2. 4. Acequia del Competín

Otro de los lugares de riego de los moriscos de Daimalos, Arenas, Zuheila y Sayalonga según Fernández (2016) era la pertenencia del Competín. El Competín se menciona tanto en el LAR de Algarrobo, Sayalonga y Daimalos. En la página 54v del LAR de Daimalos se dice lo que sigue:

"Quedan e estan por apear tierras del dicho secano y morales en el rio de Sayalonga y en la pertenencia del Conpetin".

Al hablar aquí de pertenencia se está haciendo referencia a un terreno que pertenecía a los moriscos de Daimalos. Sigue el LAR de Daimalos hablando del Competín en concreto en su página 57v:

"Tierras de riego de Daimalos en el rio del Garrobo y Sayalonga que son toda una. Estando en el rio que vaxa desde Sayalonga a dar al Garrobo y asta llegar a la parte del Conpetin jurisdicción de la ciudad de Velez".

Este párrafo nos sigue dando pistas sobre donde se encuentra el Competín, en concreto aquí se dice que estaba en el río y se llegó a Algarrobo y hasta llegar al Competín; es decir, el Competín se encontraba desde Algarrobo en dirección a la costa. Además, pertenecía a la jurisdicción de Vélez, como hoy ocurre con una parte del Competín, perteneciendo una parte de Mezquitilla a Vélez-Málaga. En la página 61v del LAR de Daimalos se dice:

"Los susodichos apeadores declararon que las dichas haças y morales se riegan con agua del rio del Garrobo que pasa por junto al dicho lugar".

En este párrafo se dice que el agua para el Competín se saca del río Algarrobo que pasa junto al lugar de su mismo nombre. Es decir, que la toma de la acequia del Competín se encontraba cerca del lugar de Algarrobo. En el LAR de Algarrobo en su página 25r se dice:

"E declararon, questas dichas biñas estan juntas lindando unas con otras e lindan con el azequia que baja al Conpetin".

Es decir, la acequia que desde Algarrobo bajaba al Competín estaba más baja que el pueblo. Se sigue hablando del riego del Competín en la página 62v:

Mapa: *Mapa de la zona regable del Competín. Fuente: Elaboración propia.*

"E que el riego que dizen el Conpetín llega hasta las casas de esta villa y dentro del ay haças de riego de moriscos que eran de los lugares de Çuheyla, e Daymalos y Arenas y Sayalonga y se paga el diezmo a los mismos lugares de donde los dichos vecinos son".

Otra pista más sobre la ubicación del Competín nos la da la página 62v, el riego del Competín llegaba hasta las casas de Algarrobo. Sin embargo, Algarrobo no tenía dezmería, desde Algarrobo hacía arriba pertenecía a Batarxis y Zuheila y desde Algarrobo hacia abajo a Vélez-Málaga. El Competín pertenecía a Vélez-Málaga y se encontraba desde Algarrobo hacia el mar Mediterráneo. Sigue ofreciéndonos el LAR de Algarrobo más referencias sobre Competín, esta vez en su página 59v:

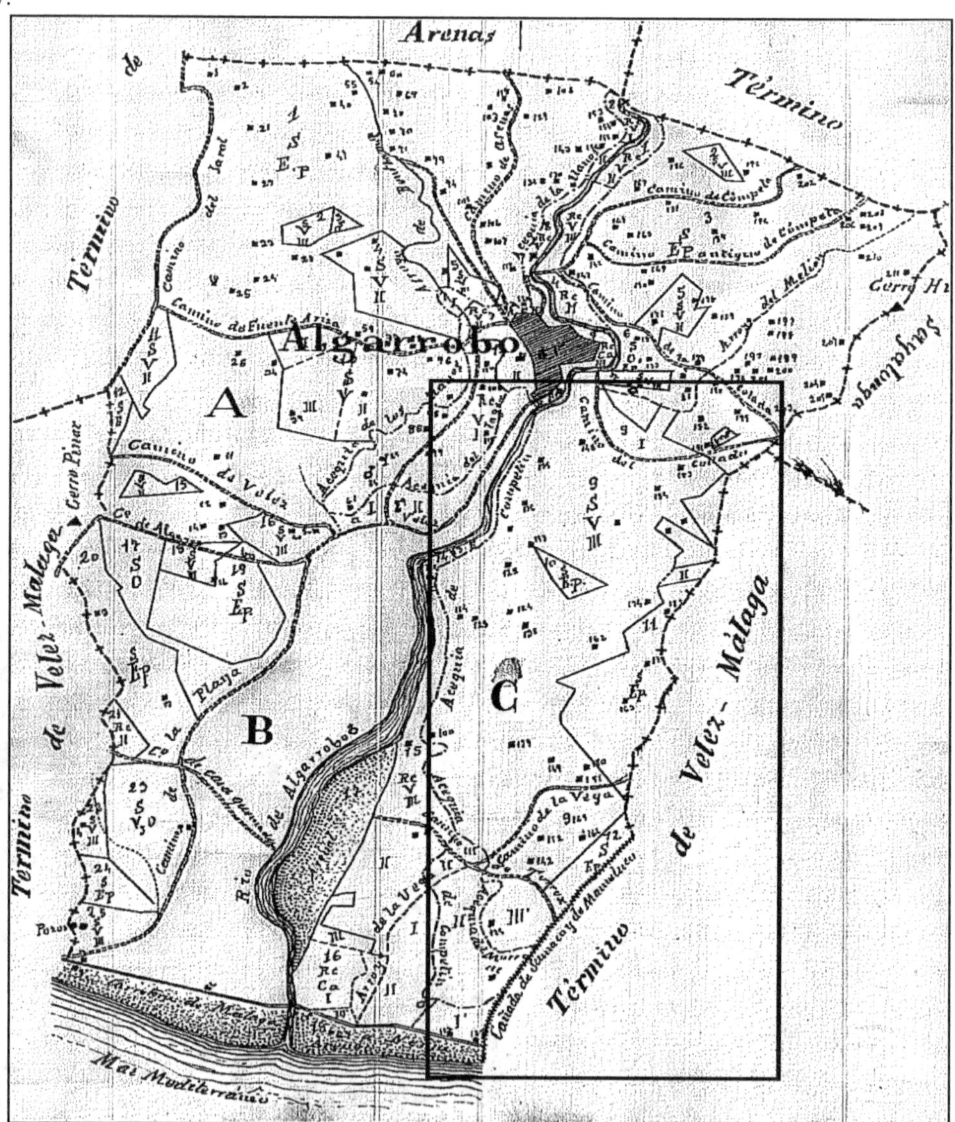

Mapa: *Mapa de la acequia del Competín. Fuente: Elaboración propia a partir del mapa del término municipal de Algarrobo de 1897 realizado por la Comisión Central de Evaluación y Catastro en escala 1: 25.000*

"Y otro pedazo de haza rambla que heran de Luis Zabon que alinda todo con el camino que va de Algarrobo a la mar y con bancales de Pedro Alfaqui y con el acequia del Competin y con el asiento del molino".

En este texto podemos observar como la acequia del Competin linda con el camino de Algarrobo a la mar, por lo que no nos queda ninguna duda de donde se encontraba el Competín a la luz de lo dicho hasta ahora por los LAR de Daimalos y Algarrobo. Por si no tuviéramos suficientes datos la página 60r nos vuelve a dar más pistas:

"Linde con el camino que va a Lagos y con el acequia del Competín".

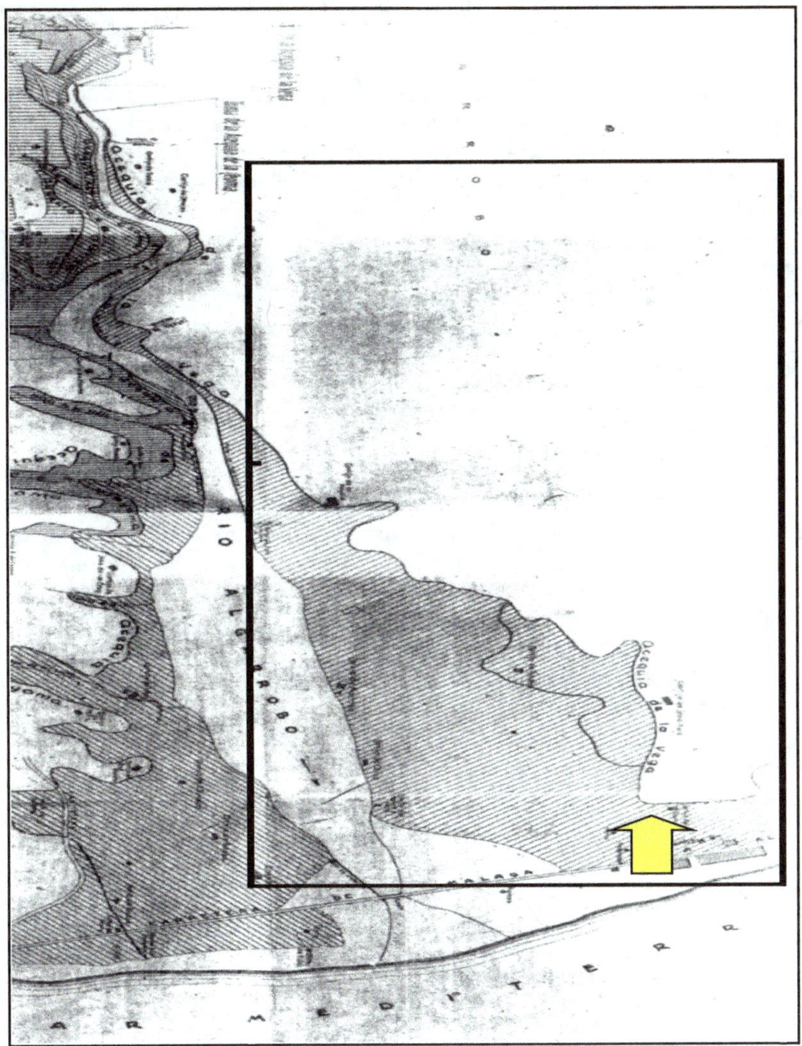

Mapa: *Acequia de la Vega. Fuente: Elaboración propia a partir del plano de la zona regada con aguas del río Algarrobo de 1927. Escala: 1: 5.000*

Sabemos por tanto que el Competín, según Fernández (2016), además tiene entre sus linderos el camino de Lagos. Ya no nos queda ninguna duda, el Competín se encuentra entre Algarrobo y el mar Mediterráneo y llega hasta la misma mar.

Una vez que en las fuentes históricas de la época hemos localizado el Competín necesitábamos tener algún mapa que lo corroborara. Por este motivo nos dirigimos al archivo histórico provincial de Málaga donde encontramos la prueba definitiva del lugar donde se encontraba la acequia y riego del Competín.

Esta acequia del Competín, sin embargo con el paso de los años, dejo de utilizarse con ese nombre denominándose ya en 1927 acequia de la Vega teniendo su presa justamente en el mismo sitio que la acequia del Competín, frente a Algarrobo.

En el mapa anterior podemos comprobar como la acequia del Competín mudó su denominación para denominarse acequia de la Vega siendo ésta la que riega la margen izquierda del río Algarrobo, desde Algarrobo hasta el mar mediterráneo (en lo que hoy es término municipal de Algarrobo y Vélez-Málaga). Gran parte de ese antiguo riego se encuentra ocupado por edificios de Mezquitilla, de Algarrobo y Vélez-Málaga.

Fernández Mota (2005, p.103) identifica Competín con una ubicación situada en Sayalonga conocida como la cortijada de los Felipes, cercana a la que nosotros proponemos para *Lawsa Ibn Yamil*, sin embargo, teniendo en cuenta los datos bibliográficos y geográficos aquí aportados, esta tesis de Fernández Mota no la consideramos plausible. Su identificación en este lugar la basa en el LAR de Sayalonga aunque tras revisarlo, éste nos ofrece la siguiente información sobre Competín. En la página 75 se dice lo siguiente:

"Estando en el rio del Competin jurisdicción y una legua y dezmeria de la ciudad de Belez"[6].

Tras realizar las mediciones oportunas en línea recta se encuentra el riego del Competín a 4.788 metros de distancia de Vélez-Málaga, cifra muy cercana a la distancia que tenía una legua de aquel entonces. Trazando una línea recta y sin seguir los caminos de la época la ubicación propuesta por Fernández Mota se encuentra a 7.861 metros de distancia de Vélez Málaga, es decir casi dos leguas. Sin embargo y suponiendo que esa distancia era la que había siguiendo los caminos en ese caso supondría 11.022 metros, distancia que se aleja de manera considerable de la legua que se dice que había en el LAR. En la página 78 se dice:

"Linda con el camino que va de Belez a Lagos".

Esté camino iba más o menos por la misma zona por donde hoy va la el canal del plan Guaro. Por si fueran estos datos anteriores poco reveladores lo dicho en la página 84 del LAR de Sayalonga nos despeja cualquier duda razonable que pudiera existir:

"Apearonse seys morales grandes que estan juntos cerca de la mar y que no tienen mas tierra de la que toma".

Esta frase deja despejada la ubicación de Competín, estaba cerca del mar. En base a todas las anteriores consideraciones y tras los datos que nos proporcionan los LAR de Algarrobo, Daimalos y

---

6   Las leguas son un sistema de medida cuyo término original proviene del latín y expresa la distancia que una persona puede recorrer a pie o en cabalgadura durante una hora. La legua castellana media 4,19 km.

Sayalonga no cabe ninguna duda para afirmar que Competín era una alquería o zona de riego y acequia que se encontraba situada desde Algarrobo hasta Mezquitilla. Hoy en día tan solo queda el vestigio del nombre de un pago en Mezquitilla.

El significado de Competín deriva del latín Compita-Orum, cruce de caminos donde se solían celebrar fiestas y ofrendas. En esta zona efectivamente se cruzan varios caminos importantes, encontramos el camino de Torrox, el de Lagos y el de Competa y Sayalonga.

Imagen : *Localización frente a Algarrobo donde se encontraba la presa de la Acequia del Competín. Fuente: Valentín Fernández*

Imagen: *Zona de riego del Competín con Algarrobo-Costa y Mezquitilla al fondo.*
Fuente: Valentín Fernández

Imagen: *Zona de riego del Competín (Hoy acequia de la Vega).* *Fuente: Valentín Fernández*

6. 7. 4. 2. 4. 1. La distribución del riego en la acequia del Competín

Para la realización de este apartado seguiremos lo estudiado para el caso de Algarrobo por Bravo Caro (1989) así como otros trabajos que estudian el mismo caso en otros lugares de la geografía española como así ocurre con los trabajos de López Fernández (2015) para el sureste de España (La huerta de Mula), García Leal (2014) que estudia los regadíos del río Dilar y Ruiz Ruiz (2013) quien ha trabajado en el estudio de los sistemas de riego en la Vega de Granada.

En el caso de Algarrobo (lugar donde se encontraba la acequia del Competín) el regadío ascendía a una cantidad cercana a las nueve hectáreas, cantidad que aunque suponía tan solo el 0,97% del terreno cultivado, tendría, al igual que en otros lugares del reino de Granada, una importancia capital en la vida económica de los habitantes de las alquerías granadinas. En este sentido López Fernández (2015, p. 3) indica que el aprovechamiento de los recursos hídricos a lo largo del tiempo ha sido fundamental para el desarrollo de la población debido a la sequía imperante del territorio. Esta escasez de aguas ha obligado al hombre a aprovechar de manera eficiente las escasas aguas existentes con la construcción de sistemas hidráulicos que capten y distribuyan el agua para abastecimiento y regadío. Así y según Montaner, Pastor y Gómez (2012) para el ámbito de la cuenca del Mar Mediterráneo dicen:

"Existe toda una cultura en el uso de las aguas rodadas, mediante el escalonamiento y sangrado en los cursos fluviales de sistemas de azudes y acequias (....) cada sistema se organiza en común y se autogestiona para lograr la equidad en la distribución del agua bajo la forma de Heredamiento o recientemente como Comunidad de Regantes. En esta tesis de la escasez del agua y su adecuado aprovechamiento incide Ruiz Ruiz (2013, p.3) para quien "Al concebir el agua como un bien comunal escaso tiene una serie de implicaciones a la hora de su uso por los regantes, que dota a todo el sistema de una gran estabilidad (obligación de establecer consensos, orden en el acceso al recurso, regulación de la cantidad a usar por cada regante, medidas para afrontar el agotamiento del agua, etc.)". Sigue diciendo el mismo autor al respecto que "El que las infraestructuras de riego sean entendidas por los regantes como un patrimonio común, tiene unas consecuencias directas que redundan en última instancia en el mantenimiento y la conservación colectiva de las obras que son de interés comunitario".

Toda esta organización de la que hemos hablado con anterioridad de una manera u otra la hemos podido estudiar en las acequias utilizadas por los moriscos de Daimalos como es el caso de aquellas que se encuentran en el río de Rubite o en el río de Sayalonga cada una con su peculiaridad y modo de organización según la cantidad de agua existente. En este aspecto la mayor acequia de las utilizadas por los moriscos de Daimalos es la del Competín, acequia que por su mayor tamaño se dividía por pagos, pagos que coincidían con los días de la semana. En los casos de las acequias de los ríos de Sayalonga y Rubite, al ser las acequias de menor tamaño, el sistema de riego empleado era el que comenzaba a regar desde la cabecera de la acequia hasta el final de la misma, regándose las acequias en orden. Aquel regante que perdía el turno debía esperar hasta la siguiente semana para volver a regar. Una vez que se habían regado todas las propiedades el agua volvía a su cauce. En el río de Rubite había una peculiaridad, debido a la mayor escasez de aguas, había un día específico, los domingos, donde se regaban tan solo las hortalizas. La acequia del Competín, tal y como se ha dicho anteriormente, era la mayor de cuantas eran utilizadas por los vecinos de Daimalos, acequia que tomaba sus aguas del río Algarrobo y que según Bravo Caro (1989, p.272) era *"un río caudaloso que no le falta el agua"*. Dice el mismo autor que el *"reparto de dicha agua se hacía mediante un orden preestablecido, el cual databa de antiguo (....) siendo costumbre usada e guardada de mucho tiempo a esta parte, desde que se acuerdan"*. La canalización era articulada a través de una "*presa grande*" y "*otra pequeña*" y acequias que llevaban el líquido elemento hasta las tierras de labor". Por debajo de la línea divisoria que marcaba esta presa se configuraba un área extensa de terreno regable con características particulares, características que seguían los tratados agrícolas musulmanes que indicaban la conveniencia de hacer las acequias con una pendiente no demasiado pronunciada, para evitar el daño a los cultivos (Eguara Ibáñez, 1975). En esta zona el riego seguía un orden establecido por los días de la semana (a excepción de los dos primeros pagos, Almachar y Jenil que tomaban de dicha acequia media açada de agua diaria). Los pagos de regadío por tanto adquieren su denominación del día que le tocaba regar según el turno establecido. Cada pago disponía del agua durante veinticuatro horas como por ejemplo establece el siguiente párrafo del LAR de Algarrobo, fol. 48r:

" *El dicho pago de Acepte, que quiere decir sábado, riega con el agua de la dicha acequia, desde el sábado que sale el sol, hasta el otro día domingo que sale el sol, que es día e noche*".

El día del inicio del riego era el jueves o Hamiz. Una vez iniciado el riego, y a diferencia de lo relatado anteriormente para los casos de los ríos de Rubite y Sayalonga, no se seguía un orden preestablecido desde la presa de la acequia hasta el cabo, sino que se hacía un sorteo entre los dueños de las propiedades, sorteo que queda fijado en el folio 49r del LAR de Algarrobo, página en la *que se dice lo siguiente:*

"Pese a ser preferidas las hazas primeras a las postreras, debía hacerse un sorteo con los dueños de las mismas para ver la suerte que sale e por quien sale la suerte, por aquella parte se encomienda el riego, aunque sea por el cabo del pago". De esta manera todos los regantes tenían la misma oportunidad de regar puesto que siendo tan extensa la superficie a regar pudiera darse el caso de que los regantes del cabo siempre se pudieran quedar sin regar o regar con muy poca agua".

Cuadro nº 5. Distribución parcelaria del agua de la acequia principal o del Competín

Nombre del pago	Día de Riego
HAMIZ	Jueves
CHUMA	Viernes
CAMARILLA	Viernes
AÇEPTE	Sábado
ALHATE	Domingo
ALIZNEY	Lunes
AÇELICA	Martes
ALERBAA	Miércoles

Fuente*: Elaboración propia a partir de Bravo Caro (1989, p. 275)*

Este sistema aquí utilizado, basado en la experiencia, y en la costumbre no es único de esta zona sino que tal y como nos indica Ruiz Ruiz (2013, p.25) también en la Vega de Granada "*subyace un complejo sistema de reparto de agua basado en la experiencia y en la costumbre, y que funciona como soporte del territorio*". Teniendo en cuenta los estudios de García Leal (2014, p. 7) para la Vega de Granada, en esta acequia del Competín se utilizaban tanto el criterio volumétrico, al destinarse media acada, refiriéndose aquí al agua que podía pasar por la acequia al abrir en la misma una entrada de agua similar a media azada[7], o el cronológico por el que el agua se asigna a una

---

7   Instrumento en forma de pala para cavar la tierra y realizar otras labores

determinada zona durante un periodo temporal, sin tener en cuenta la cantidad. Nos indica García Leal que un elemento normalmente predominaba sobre el otro como es el caso que nos ocupa donde predominaba el factor cronológico. En el caso del río Dilar, el plazo que se estipuló para regar recibió el nombre de *dula*, del árabe *dawla*, que significa turno o vez. Estas *dulas* normalmente se ajustaban a las distintas partes de una jornada siendo frecuente como es el caso de Dilar o Algarrobo que estuvieran marcados por las horas del alba. Así ocurre en el caso de la Comunidad de Regantes de la acequia de Gojar, donde su sistema de riego obedece al sistema de pagos o *dulas* (similar al utilizado en la acequia del Competín). Así, en Gojar existen las dulas del Lunes, dulas del Miércoles y así hasta llegar a la dula o pago del Domingo regándose por criterios topográficos, sucediéndose en el espacio las dulas ordenadas desde el lunes hasta el domingo. El mismo caso por ejemplo se da en Las Gabias donde había un pago del Viernes, del Lunes, del Martes y del Miércoles.

Para finalizar este apartado y analizando la situación actual de esta acequia hemos de resaltar que la misma como tal ha dejado de cumplir su cometido estando en desuso al ser sustituidas sus aguas por las provenientes del Plan Guaro que riega todas aquellas tierras que se encuentran bajo la cota 140. Actualmente, la Comunidad de Regantes de Algarrobo ha realizado una captación bajo el núcleo urbano de Sayalonga donde reúne las aguas del río de Algarrobo y Sayalonga en un depósito regulador con aquellas provenientes del Plan Guaro. Desde este depósito de destinan a las distintas zonas de riego donde se utiliza el sistema de riego localizado, razón que ha provocado que hayan desaparecido la mayoría de las infraestructuras de la acequia del Competín, tal como su presa o el trazado de su acequia, la cual se encuentra hoy en día enterrada por los numerosos abancalamientos realizados en la zona. Esta acequia tiene una longitud de unos 3,5 km y sigue las curvas de nivel que se encuentran entre los 40 y 50 metros. Por la importancia que dicha acequia ha desempeñado a lo largo de la historia, el Ayuntamiento de Algarrobo podría realizar una ruta que discurra por las zonas de riego y trazado de la acequia poniendo en valor este rico patrimonio inmaterial que con este trabajo hemos desentrañado. También es de reseñar que el entubado de todas estas acequias está teniendo como consecuencia que el agua de los ríos discurra por las acequias en vez de por su cauce. Este hecho es un desastre ambiental de primer orden puesto que los ríos al no llevar agua están perdiendo su fauna autóctona. Lo peor de esta situación es que se está produciendo ante la inacción de la Junta de Andalucía, responsable de la vigilancia en las cuencas hidrográficas andaluzas. Un caso catrastrófico es el río de Algarrobo y Sayalonga. Durante este año las comunidades de regantes de Sayalonga y Algarrobo han encauzado en verano todo el caudal del río por las acequias por lo que han "*secado*" el río.

En este apartado hemos podido estudiar de una manera pormenorizada como eran las acequias de los moriscos de la Axarquía y la Sierra de Bentomiz, las cuales tenían herencia nazarí y andalusí. Probablemente durante cientos de años se mantuvo la misma forma de riego y costumbres que tan buenos resultados habían dado. El resultado era una agricultura diversificada aunque minifundista, donde los propietarios no obtenían más que para comer, siendo tan solo algunos los grandes propietarios, como es el caso de Don Francisco de Vargas en Batahis o de Diego Alguacil de Daimalos. El resto de propietarios eran pequeños propietarios que se debían desplazar varios kilómetros para atender a sus parcelas de regadío. A pesar de que al parecer durante esta época la lluvia era más abundante, sin embargo, la falta de coordinación en una misma cuenca hacía que los vecinos de una alquería regaran con el agua sobrante de las demás lo cual no permitía aumentar el regadío. Las zonas más fértiles y donde había una mayor extensión de regadío eran las vegas y en este caso la vega del Río Algarrobo y la del Vélez, disponiendo en este caso de más datos para el caso del regadío del río Algarrobo al ser estudiado por Fernández (2016).

Imagen: *Acequia de la Vega (antiguamente del Competín). Hoy sus aguas van entubadas por lo cual la misma se encuentra en desuso. Fuente: Valentín Fernández*

Estas acequias nos proporcionan un gran patrimonio hidráulico el cual debería ser protegido puesto que el entubado de muchas de ellas están acabando con estas antiguas conducciones. Incluso los mismos cauces de los ríos se están viendo sometidos a procesos de destrucción irremediable de los mismos al introducir por el lecho de los ríos conducciones mediante la utilización de maquinaria pesada que destruye para siempre el paisaje primigenio de los mismos. Lo más preocupante es que estos procesos por el bien del regadío se hacen con la connivencia de las administraciones que miran para otro lado primando el interés de los regantes al interés general de todos y las generaciones venideras.

Para proteger este riquísimo patrimonio así como el de las fuentes, acueductos etc., se debería llevar a cabo un proceso similar al que se está ejecutando en la Alpujarra granadina. Así en la Alpujarra se está llevando a cabo el proyecto MEMOLAB, coordinado por la Universidad de

Granada, el cual trabaja desde hace años para recuperar este valioso sistema de acequias. En el último lustro se han encargado de la restauración de una decena de acequias de Sierra Nevada que llevaban más de cuatro décadas abandonadas. Este es el caso de municipios como Jerez del Marquesado, Cáñar o Lugros, donde la labor restauradora de Memolab ha tenido una traducción inmediata en los paisajes. Llevar a cabo un proyecto de este tipo supone recuperar infraestructuras para el municipio, apoyar las comunidades de regantes, a los regadíos históricos y a los valores que ello supone. Gracias a este proyecto surgió la Asociación de Comunidades de Regantes Históricas y Tradicionales de Andalucía, promovida por Memolab, para sensibilizar y dotar de poder a los usuarios de las acequias. Una de estas comunidades de regantes, la de Cáñar-Barjas, ha obtenido además el galardón ICCA (Área Conservada por las Comunidades Locales y Pueblos Indígenas) a la Comunidad de Regantes de Cáñar-Barjas, que ha sido la primera comunidad de regantes del mundo en obtener esta distinción. El objetivo de este proyecto es el de restaurar las acequias las cuales ofrecen una variedad enorme de servicios ecosistémicos, aumentan la biodiversidad, hacen funciones de regulación en los ríos, recargan los acuíferos y mantienen vivos los suelos. Por otra parte estos sistemas de regadíos contribuyen a suavizar localmente las temperaturas puesto que además de los cultivos, el regadío da frescor al correr por las acequias. Este proyecto frente a la canalización de las acequias trabaja por la restauración y mantenimiento de las acequias históricas.

Imagen: Canal de riego con tejas *que aprovecha para el riego las aguas de la Fuente Árabe del Ejido de Daimalos. Fuente: Valentín Fernández*

En el caso de la Axarquía la mayoría de las acequias históricas han sido entubadas aunque creemos firmemente que se deberían proteger evitando que se ocupe su trazado original el cual al ir entubadas en muchos casos podría servir como camino que permita dar a conocer la riqueza patrimonial de las mismas.

Tras la desaparición del mundo morisco y con la repoblación de la Axarquía por gentes provenientes de fuera del reino de Granada, se perdió para siempre una forma de vida en la que la utilización magistral del agua era una de sus principales características. Los nuevos repobladores no conocían la agricultura de regadío, por lo cual esta dejó de tener la importancia que había tenido con los musulmanes. Las acequias dejaron de mantenerse en el mismo estado en que habían estado durante la época andalusí y nunca se volvió a recuperar el sistema agrario basado en la agricultura de regadío que había aprovechado todos los recursos disponibles tales como fuentes, pozos y ríos. No volvemos a tener datos de importancia en base a los que estudiar el funcionamiento del regadío en la Axarquía hasta el año 1751. En este año se realiza el Catastro de Ensenada, averiguación a gran escala de los habitantes de la Corona de Castilla, incluyendo datos tales como sus propiedades, edificios, ganados, oficios, etc., En los pueblos de la Axarquía se realiza en agosto de 1751, siendo llevada a cabo dicha averiguación, en el caso por ejemplo de Sayalonga, por Don Antonio de Carrión y Anaya, Regidor perpetuo de la ciudad de Vélez-Málaga y Subdelegado para la operación de la Única Contribución de Sayalonga y otros lugares de la Axarquía. Este había recibido su nombramiento por un despacho del Marqués de Campoverde, Intendente General de la Provincia de Granada, provincia a la que por aquel entonces pertenecían los pueblos de la Axarquía. El Catastro de Ensenada es la más completa y antigua encuesta disponible sobre los pueblos de la Corona de Castilla. Se realizó entre 1750 y 1754, periodo durante el cual todas las poblaciones de Castilla fueron sometidas a un interrogatorio constituido por 40 preguntas. Con posterioridad a esta averiguación se pretendía llevar a cabo una reforma fiscal que sustituyera los diversos impuestos de la Corona por un solo impuesto, la llamada Única Contribución, contribución que no se llegó a implantar aunque nos ha dejado una información fundamental para conocer el siglo XVIII en nuestra comarca.

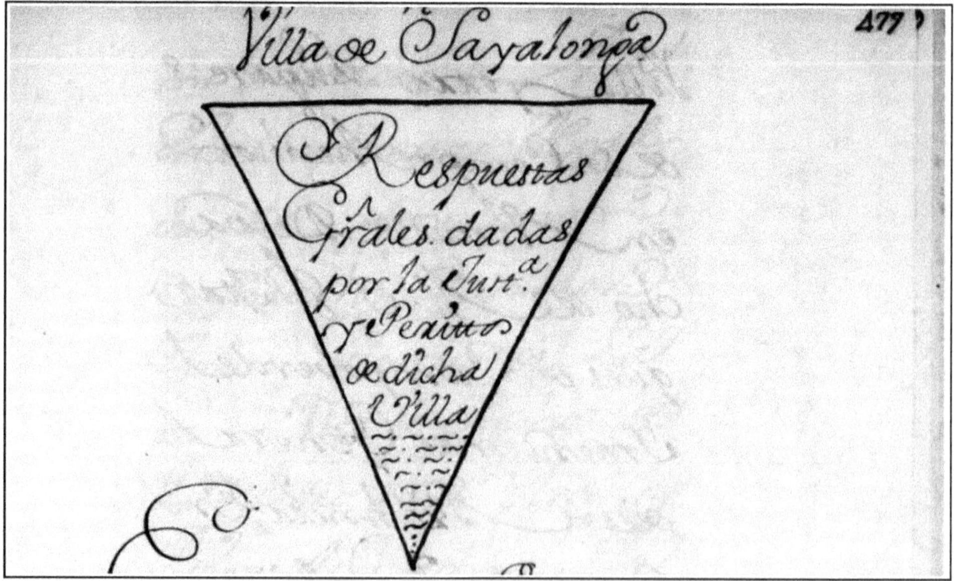

Imagen: Portada del libro de Respuestas Generales de la Villa de Sayalonga. Fuente: Pares

En municipios como Sayalonga, por ejemplo, a la cuarta pregunta, que era la que versaba sobre el regadío dijeron los vecinos en sus respuesta generales que hay tierras de regadío que se componen de diferentes bancales. También dijeron que la mayor parte de sus vecinos tienen hortalizas con las que surten sus casas y familias aunque no las venden, es decir, no les proporcionan excedentes que se puedan vender. También siembran maíz y las tierras son de buena calidad en su mayor parte y las riegan con las acequias que sacan del río y producen una cosecha al año. Respecto a la calidad de las tierras de riego, en la pregunta quinta de las averiguaciones, dicen que son de la mejor calidad aunque también las hay de mediana calidad. En la sexta pregunta responden que las tierras de riego están plantadas con árboles frutales así como de morales en bancales, encontrándose estos en los márgenes de los bancales, así como en otros casos, extendidos en todos ellos sin tener órdenes de hilera. Por otra parte las tierras de riego reciben por nombre el de bancales debido a que no se usan medidas ninguna. Esto se debe a que estos están en tierras quebradas y con albarradas o terraplenes los cuales descienden de unos bancales a otros hasta el río por lo que no se puede medir bien la extensión del regadío en obradas y fanegas. En los bancales también se cultiva trigo, cebada, frutales, legumbres, hortalizas y seda. Los frutales son de todas las especies como granados y albarcoques. En cuanto a la producción del regadío, se dice en las respuestas generales, que las tierras de mejor calidad producen cada año quince reales de vellón, los de media diez y las de inferior calidad ocho. En cuanto a los morales de criar seda se tasan y regulan los mismos por onzas de hoja tal y como hacían los moriscos en 1571 y todo ello según un concierto o acuerdo que tenían por aquel entonces redactado con la Corona. En el caso de la dezmería de Sayalonga la seda producida tenía una producción de 16 onzas. Teniendo en cuenta que en una población cercana y de menor tamaño como Daimalos se producían en el año 1571 unas 26 onzas de hoja podemos comprobar como se habían mantenido los datos de 1571, aunque no sabemos si lo que se hizo en ese momento fue referirse a los datos del libro de Apeo y Repartimiento o bien que se había mantenido esta industria tras doscientos años. El precio de venta de la hoja de seda es de 40 reales cada año puesto que los arboles de moral producen todos los años. La cantidad total de tierras de riego con que contaba el municipio de Sayalonga eran de siete fanegas. En otras dezmerías de la comarca de la Axarquía también existía regadío, como en Corumbela. En este caso, se dice en el Catastro, que el regadío lo componen diferentes bancales que sus vecinos tienen para hortalizas para el consumo de sus casas sin que ninguno las venda, tierras regadas mediante acequias que en ese caso se sacan del río de Árchez. En el caso de la dezmería de Corumbela, en las tierras de riego también se plantaban distintos árboles frutales como morales, higueras y parras. En Algarrobo, en el Catastro, se introducen nuevas especies de siembra en el regadío como las batatas, maíces, trigo y limones, limones que se plantan en hileras con mayor o menor separación entre ellas según la comodidad de las tierras y voluntad de sus dueños. Las tierras de regadío se miden en el caso de Algarrobo en marjales (450 varas castellanas en cuadro), diferenciándose, en este caso, de otros pueblos de la Axarquía, como Daimalos donde se medían en obradas y fanegas. La cantidad de tierras de regadío en la dezmería de Algarrobo ascendía a 1.000 marjales, siendo tan solo una cuarta parte de buena calidad. La mayoría de estos marjales en el caso de Algarrobo, estaban plantados de trigo produciendo una fanega de trigo aquellas tierras de mejor calidad. Si los marjales estaban plantados de batatas estos producían 25 reales, en el caso de las tierras de buena calidad. Los limones producían 22 reales, cada pie, si se trataba el árbol de un ejemplar *formal y bueno*. También se plantaban morales en Algarrobo midiéndose en arrobas de hoja para lo cual se necesitaban 60 arrobas para cada onza de cría y cada arroba de hoja se vendía a un real de vellón. Si en el caso de Algarrobo no se mencionan las cañas de azúcar, estas si aparecen en el Catastro de Torrox, de las cuales se dice que producen una cosecha cada dos años (que es lo que tarda en desarrollarse este fruto en el término de Torrox). Como en el caso de Algarrobo, también se plantan batatas, trigo, cebada y maíz, cultivos que dan una cosecha cada año. También se mencionan los morales (los cuales están puestos en tierras de riego) así como otros árboles frutales. Las tierras de riego en Torrox se miden también en marjales aunque la medida difiere de Algarrobo puesto que aquí un marjal asciende a 110 varas castellanas cuando en Algarrobo suponía 450 varas.

Imagen: *Respuesta nº 11 del Libro de Catastro de Torrox donde se relacionan los frutos que se producen en dicha villa. Fuente: Pares. Ministerio de Cultura*

En cuanto al rendimiento las tierras de riego plantadas de cañas producen por cada marjal una arroba de azúcar en blanco. El Catastro también nos habla de los propietarios de las tierras de caña de azúcar, de los cuales se dice en su página 73: "*Respecto a que la mitad de lo que produzen dichas tierras plantadas de cañas pertenezen a los dueños de los Ingenios que las muelen*". También se dan datos en el Catastro de Torrox sobre la producción de hortalizas las cuales producían para su dueño 24 reales siendo tierras de primera calidad, rendimiento parecido a la producción de batatas en Algarrobo que se vendían a 25 reales, cantidad no obstante sensiblemente inferior a lo que producían los morales que se vendían a 40 reales. También y como curiosidad se nos relata en Torrox como se plantaban almendros junto a los árboles frutales y a las higueras produciendo una fanega de este cultivo mixto unos 50 reales al año. La producción de seda de Torrox era de 60 arrobas. La arroba de azúcar se vendía a 44 reales un año con otro, suponiendo una cantidad muy superior a los rendimientos de los limones y otros cultivos. Si la caña de azúcar era el cultivo más rentable, los que menos proporcionaban eran la arroba de pasas que se vendía a seis reales y la de vino a cinco reales.

dicho señor: que un año con—
otro vale la arroba del Azu-
car aquarenta y quatro
reales un año con otro la
arroba de Batata a real
y medio = Cada fanega de
Trigo de quinze a diez y seis
reales = La fanega de Maiz
a nueve reales = La de Ze-
vada a ocho = La arroba—
de Azua a seis reales = Y
la de vino a cinco; la arroba

Imagen: *Página 75 del Catastro de Torrox donde se relacionan los precios de los distintos cultivos de secano y de regadío.*

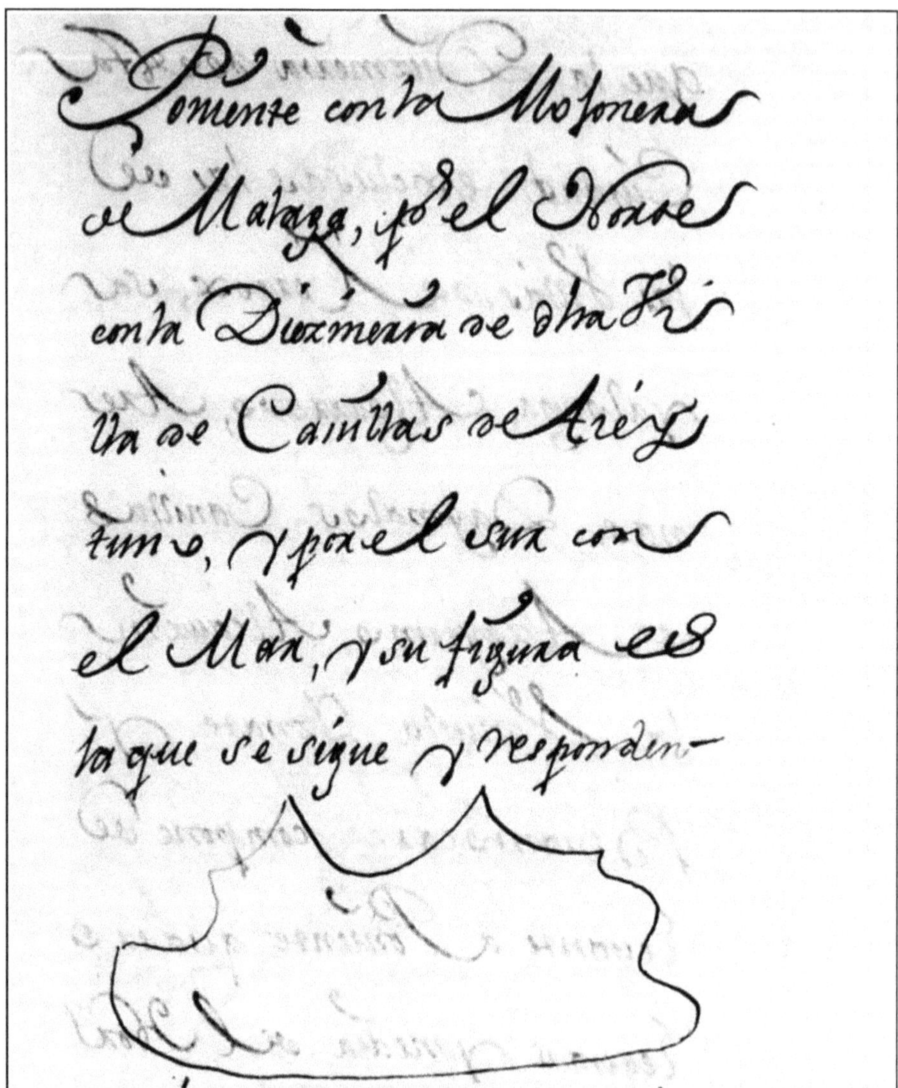

Imagen: *Plano del término municipal de Vélez-Málaga según el Catastro de Ensenada. Página 72*

El Catastro de Ensenada con respecto a las declaraciones de los vecinos de Vélez-Málaga, referidas a las tierras de regadío, diferencia entre las de siembra y las de huerta para hortalizas. Las tierras de siembra producen una cosecha cada año y están puestas de cañas dulces y como en el caso de Torrox producen cada dos años una cosecha. Las huertas para hortalizas en cambio producen sin interrupción aunque si se siembran de otra especie tan solo producen una cosecha al año. Así mismo, las tierras de regadío estaban plantadas de almendros, higueras, parras, algarrobos y otro árboles frutales a la vez que olivos y morales. Las medidas utilizadas en Vélez-Málaga eran la fanega para huerta (183 varas en cuadrado). Los cultivos de cañas de azúcar, como en el caso de Torrox, se medían en marjales (27,5 varas en cuadrado). La medida para las tierras de sembradura era la fanega. Los frutos que se recolectaban en Vélez-Málaga eran el trigo, la cebada, las habas, el maíz, el azúcar, aceite, limón, batatas, seda, pasas y vino. La producción de las tierras de riego un año con otro era de 20 arrobas en el caso de las batatas. Las tierras puestas de cañas dulces producían tres cuartos de arroba de azúcar en blanco. En este caso podemos apreciar como el rendimiento de la caña de azúcar en Torrox era mayor puesto que ascendía a una arroba de media al año. El rendimiento de los limones era de 15 reales por cada millar. El azúcar, por su parte, se vendía a 45 reales la arroba alcanzando la pasa siete reales y el vino cinco. Por el limón y todo tipo de frutas se pagan diversos impuestos como los diezmos que comprendían todo tipo de frutas, diezmos que a su vez se arrendaban por pagos (Almaiate, Lagos, Río Seco, Cerro del Mar). Los diezmos los cobraban personas como Alonso Rengifo (el de la seda), Pedro Bicario, Miguel de Aragonés, etc., En cuanto a los molinos harineros estos eran nueve. Mucha de esta producción se exportaba desde la playa del Castillo y Fortaleza de la Torre del Mar, como se llamaba Torre del Mar por aquella época. Además de contar con varios maestros toneleros para el embarque de las pasas, también contaba dicho castillo con barcas de carga y descarga en el puerto que allí se encontraba. Así mismo tenía el mismo un número de dos barcos disponiendo el castillo además de un almacén de pasas

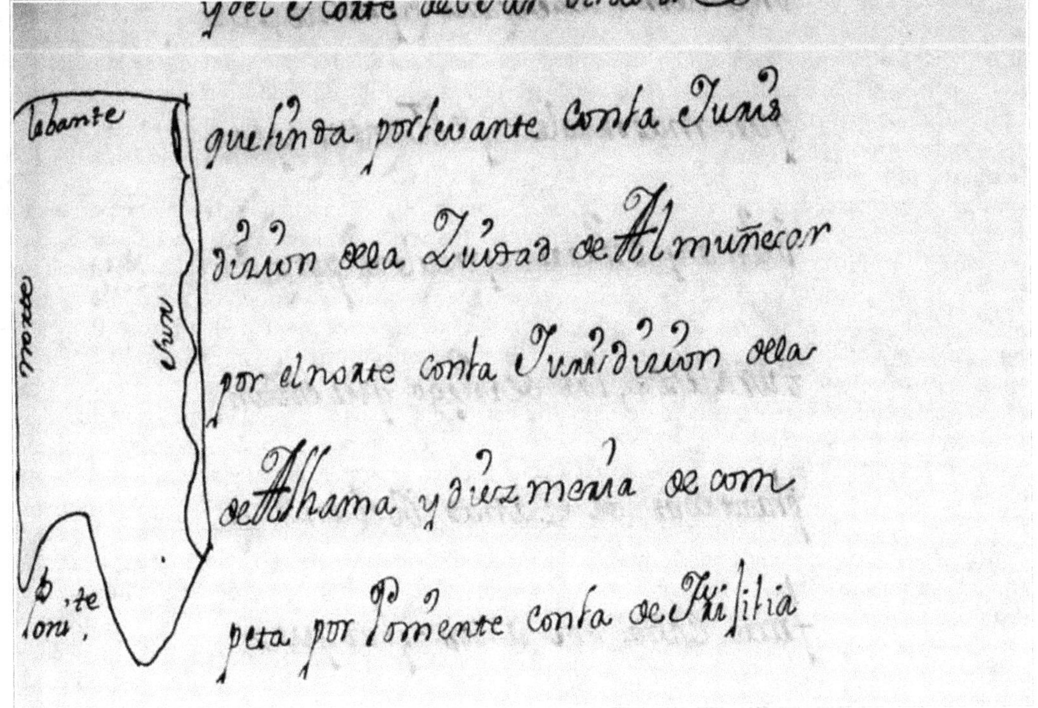

Imagen: *Plano de la puebla de Nerja y límites de los pueblos con los que confina. Página 638 del Catastro de Nerja.*

59

En cuanto a la situación del regadío en la Puebla de Nerja, se dice en el Catastro en la cuarta pregunta, que en ese termino había tierras de riego en las cuales se plantaban cañas dulces, hortalizas, batatas y otros frutos. Al igual que en el resto de la comarca, las tierras plantadas de cañas dulces producen fruto cada dos años y las que no están plantadas de cañas producen un fruto cada año. En las tierras de regadío se plantaban diferentes frutales, además de higueras, parras, morales aunque a diferencia de otros pueblos, como Torrox, no se plantaban ni olivos ni almendros en el regadío . Las tierras de riego se medían por marjales (45 varas castellanas en cuadro). Las tierras de riego de Nerja suponían una cantidad de 3.000 marjales de tierra de riego, siendo de ellos 600 de primera calidad, 1.500 de segunda y novecientos de la inferior calidad. La mayor parte se destinaban al cultivo de caña puesto que según se dice en la página 644 *"Por lo que en esta Puebla se siembra muy poco"*. También contaba Nerja con morales los cuales se regulaban por onzas y cada onza tenía 60 arrobas de hoja. La arroba de azúcar por su parte se vendía a 48 reales, cantidad superior a los 44 reales que recibían los agricultores de Torrox y a los 45 reales que recibían los agricultores de Vélez-Málaga, razón por la cual podemos considerar a la producción de caña de azúcar de Nerja la más rentable para los agricultores en nuestra comarca. Llama la atención los precios tan bajos que se pagaban en Nerja por la pasa de sol, 2 reales, cuando el precio medio en otros lugares de la comarca era de 6, probablemente se debería a la poca especialización de los agricultores de la dezmería en este tipo de cultivo. Contaba así mismo la Puebla de Nerja con dos molinos de pan que molían del Río de Chíllar por acequia de una muela cada uno. El otro molino harinero estaba *"yncluso"* en el molino de *"Fabricar Asucares"*, ingenio que pertenecía al fisco de la Inquisición de la ciudad de Granada y a otros interesados.

A modo de conclusión sobre la agricultura en el siglo XVIII que hemos podido conocer a través del Catastro de Ensenada podemos establecer un predominio de la caña de azúcar en el regadío de Torrox, Vélez-Málaga y Nerja. En las dos primeras localidades citadas anteriormente se alternaba la caña de azúcar con la sembradura de huertos de hortalizas y sembradura de trigo, los cuales a veces se cultivaban de manera mixta con árboles frutales entre los que destacaba el limón. El cultivo de la seda todavía tenía una cierta importancia lo que demuestra que tras la repoblación posterior a la Guerra de los Moriscos se había mantenido dicho cultivo, aunque sin llegar a alcanzar la importancia que tuvo durante la época andalusí. La mayor parte de estos cultivos se exportaban a través del puerto de la Torre del Mar donde había nacido una floreciente industria de toneles para almacenar los frutos, especialmente la pasa. La agricultura de regadío de los pueblos costeros era una verdadera agricultura productiva debido a que contaban con vegas amplias con tierras fértiles donde crecían todo tipo de frutales y sembraduras. Sin embargo y a tenor de los datos que hemos podido obtener en el Catastro de Ensenada, en el interior de la comarca sin embargo, el regadío en su mayor parte se trataba de un regadío de subsistencia puesto que no daba más que para el consumo de la unidad familiar. Tan solo la seda era un producto rentable, puesto que tanto las hortalizas, los árboles frutales y la sembradura de trigo o cebada tan solo servían para subsistir. La agricultura en el interior de la comarca era básicamente de secano dedicada a la producción de pasa de sol y de vino aunque los precios de media, cercanos a los seis reales por arroba, distaban mucho de los 48 reales que se recibían en la costa por la caña de azúcar. Sin embargo, el cultivo de la caña de azúcar también presentaba problemas puesto que se dice en el Catastro que en la mayoría de las ocasiones la mitad del mismo estaba en manos de los propietarios de los ingenios. Además, hemos podido constatar en todos los Catastros de la comarca como existían pocos propietarios y muchos jornaleros ,los cuales tan solo trabajaban seis meses al año, lo que da cuenta de la enorme desigualdad existente. Además, esta desigualdad se ve corroborada en el numeroso grupo de pobres de solemnidad que existían en cada población de la comarca. Finalizamos, por tanto, asegurando que era esta una agricultura en mano de unos pocos propietarios donde existían numerosos jornaleros sin tierras lo que a muchos los llevaba a la pobreza, hecho sin duda que marcaba una enorme diferencia con la agricultura andalusí donde todos los habitantes de las alquerías eran propietarios de terrenos de cultivo.

7. Regadío en la Axarquía durante los siglos XIX y XX

Tras el catastro de Ensenada pocos son los datos oficiales con que contamos del regadío en la comarca de la Axarquía en el s. XIX. Este siglo, plagado de problemas, como la Guerra de la Independencia, las revoluciones, las Guerras Carlistas, la Revolución La Gloriosa, La Filoxera, etc., no tuvo la tranquilidad que se disfrutó en el siglo XVIII, lo cual indudablemente se tradujo en una crisis económica y agrícola sin precedentes. A finales de siglo la perdida de prácticamente el 100% del viñedo de la comarca por la plaga de la Filoxera dejó a esta en una situación de pobreza absoluta. La única solución para muchos habitantes de la comarca fue la emigración a América y a otros lugares del norte de África, Argelia de manera mayoritaria. La economía de secano tuvo una gran crisis en el interior, aunque la de regadío resistió mejor a estos problemas. Así, los ingenios azucareros siguieron funcionando así como las plantaciones de hortalizas y sembraduras. Así, junto a estos cultivos anteriormente citados en las zonas de regadío del interior de la comarca, se plantaban naranjos en las zonas superiores de las acequias. Muchas de estas acequias estaban en un deficiente estado de conservación lo cual incidía en que el agua que se recogía del río no llegaba hasta el cabo o final de la acequia, tal y como había ocurrido en los siglos anteriores. Este hecho nos lleva a pensar que el estado de conservación de las infraestructuras hidráulicas en este siglo no era el que habían tenido anteriormente. Los conflictos bélicos y económicos, sin duda, habían influido en esta dejadez.

Volviendo a los cultivos, las naranjas de los pueblos del interior de la Axarquía eran muy conocidas y entre ellas las de Sayalonga tenían fama por su calidad. Estas naranjas, una vez recolectadas, se transportaban en mulas de carga hasta el castillo de la Torre del Mar, siendo allí embarcadas para ser trasladadas a otras ciudades costeras. A este respecto, tenemos que hacer referencia a que este sistema de venta de los productos de la comarca había funcionado así desde antaño. En el capítulo anterior y en las declaraciones del Catastro de Ensenada referentes al castillo de la Torre del Mar, ya se hacía referencia a que se contaba con una barca para dar servicio al embarque de la producción agrícola de la comarca. Así mismo, alrededor del castillo había nacido una floreciente industria tonelera para dar cabida en ella a los productos que se exportaban fuera de nuestra tierra y en concreto las pasas de Sol. El transporte marítimo, incluso para llevar la producción a Málaga, era el preferido debido al pésimo estado de los caminos los cuales estaban prácticamente impracticables. Además de ello un barco podía embarcar miles de kilos lo que hacía que fuese el medio de transporte más rentable para dar salida a los productos agrícolas de la comarca.

El sistema de regadío era heredado de los tiempos andalusíes y en él se habían realizado pocos cambios. Así, siguiendo el mismo sistema un pueblo o dezmería utilizaba el agua mediante sus acequias dejando que el agua sobrante siguiera río abajo. Sin embargo, en tiempos de sequía o en el verano aquellos pueblos que estaban cerca de la desembocadura de un río tenían incontables problemas para poder regar sus cultivos. En tiempos de los musulmanes la superficie arbolada era mayor lo que influía en lluvias más abundantes a la vez que estos tenían una gran maestría en el uso de cualquier fuente de agua como podían ser las bocaminas, fuentes o arroyos. Los naranjos de la comarca eran de pie castellano, es decir no estaban injertados de otras variedades al ser una variedad autóctona, como los viñedos. Al perderse los viñedos también se perdieron los naranjos por lo que en los pueblos del interior como es el caso de Sayalonga la ruina fue doble, se perdió el secano y el regadío, es decir la totalidad de la producción agrícola.

Además de los sistemas de riego no podemos olvidarnos de un elemento diferenciador de la agricultura de la Axarquía, los balates de piedra seca. Estos eran muros de contención realizados con piedra de pizarra del terreno que se construían para sujetar las pendientes del terreno con el objetivo de que con las lluvias las tierras no fueran arrastradas por estar al fondo de los barrancos. Además de esta peculiaridad de la comarca, también las tierras de esta están formadas en su mayor parte por pizarras, lo que permite que las raíces se introduzcan de manera optima en el terreno y se aproveche hasta la última gota de agua. Este factor posibilitó que las tierras de la comarca fueran terrenos idóneos para el cultivo del viñedo. Otras peculiaridades que tenemos que destacar de la agricultura de regadío en la comarca es el sistema de medición. Ya hemos visto como pueblos cercanos utilizaban diferentes sistemas de medida. Existe una medida muy peculiar en pueblos del interior como Sayalonga y Corumbela donde se utilizaba el *Sitio*. Esta espacio de medida hace referencia al sitio que ocupa un árbol frutal.

En este siglo y como dijimos anteriormente las zonas que mejor resistieron a las innumerables crisis del siglo fueron las amplias vegas de la costa de la comarca y en concreto las del río Vélez, Torre del Mar, Algarrobo, Torrox y Nerja. Estas vegas en el siglo XIX y gran parte del siglo XX estuvieron plantadas de cañas de azúcar a la vez que las zonas más altas de las mismas eran ocupadas por viñedos y olivos. Todavía encontramos restos de los Ingenios azucareros que molían estas cañas en localidades como Torre del Mar, Torrox, Nerja, Frigiliana y Maro.

Otra zona de importancia agrícola durante los siglos XIX y XX fueron las vegas del río Benamargosa las cuales desde Triana hasta llegar a Benamargosa, Cútar y Comares estaban plantadas de limones, los cuales por otra parte, eran muy famosos por su excelente calidad.

Aparte del regadío no podemos terminar este capítulo sin dejar de hablar de las pasas de Sol. La comarca estaba plagada de innumerables cortijos los cuales todavía se pueden ver en poblaciones como Almáchar o El Borge. En pleno verano cuando estaban los paseros llenos de uvas su color comenzaba a cambiar y se convertían en pasas. Su color y olor eran todo un espectáculo que hoy en día tan solo se puede disfrutar en los pueblos anteriormente relacionados. Sin embargo durante el siglo XIX y parte del XX toda la comarca estaba plagada de paseros lo cual convertía los paisajes de la comarca en unos paisajes únicos en el mundo.

La Axarquía siempre ha sido y sigue siendo una tierra de contrastes por sus vegas, sus cultivos de regadío, sus montes de viñedos, olivos y almendros, higueras, además de que sus sierras llegan prácticamente al mar como es el caso de Nerja. El clima, además es benigno, ya que las temperaturas no son extremadamente altas en verano ni bajas en invierno. Las noches en verano no son muy cálidas ni frías en invierno. Todos estos factores hacen que la Axarquía tenga un clima subtropical por lo que se producen toda clase de frutos los cuales son famosos en toda Europa, como hoy en día ocurre con el aguacate y el mango y antaño con la pasa y el vino moscatel.

Sin grandes cambios esta es la situación en que se encontró la comarca de la Axarquía con anterioridad a la construcción de la Presa de la Viñuela y la ejecución del Plan Guaro en la década de los 80 del siglo XX. Estas nuevas construcciones hidráulicas permitieron la puesta en regadío de miles de hectáreas. Esta transformación cambió para siempre el paisaje de la comarca abandonándose la sostenibilidad ecológica que había imperado hasta la fecha. Con anterioridad tan solo se plantaban aquellos árboles o siembras que permitía el agua existente. Hoy en día sin embargo la situación es radicalmente distinta llevándose a cabo una agricultura que usa recursos inexistentes y que ha modificado el paisaje para siempre.

8. Bibliografía

8.1. Archivos digitales

Catastro de Ensenada de Sayalonga

Catastro de Ensenada de Daimalos

Catastro de Ensenada de Arenas

Catastro de Ensenada de Algarrobo

Catastro de Ensenada de Vélez-Málaga

Catastro de Ensenada de Torrox

Catastro de Ensenada del Castillo de la Torre del Mar

Catastro de Ensenada de la Puebla de Nerja

8.2. Libros, capítulos de libros, artículos de revistas y tesis doctorales.

Beltrán , A. (1989). Historia de Aragón. *Vol,1. (Generalidades)*, 49-66.

Beltrán, F. (2006). An irrigation decree from Roman Spain: the Lex riui Hiberensis. *JRS* 96, 147-197.

Bru, M (2014). *Moriscos y cristianos en la Axarquía. El "Libro de Apeo y Repartimiento de Sedella" (s. XVI)*. Málaga: Universidad de Málaga.

Corral, M. y Rubio, I. 1988: El asentamiento humano como indicador del cambio cultural. El caso de la región valenciana. *CuPAUAM 15*, 11-35.

Fernández, V. (2016) *Estudio del libro de apeos y repartimientos de Daimalos de 1572. Conocer el pasado para preservar la memoria y el futuro de nuestros pueblos.* (Tesis doctoral. Universidad de Málaga). Recuperado de https://dialnet.unirioja.es/servlet/tesis?codigo=77382.

García, E. (junio, 1995). Cultivos y espacios agrícolas irrigados en al-Ándalus. Trabajo presentado en II coloquio Historia y Medio Físico. Agricultura y regadío en al-Ándalus. *Instituto de Estudios Almerienses de la Diputación de Almería*. Almería

Gilman, A. (1987). Regadío y conflicto en sociedades acéfalas. *Boletín del Seminario de Estudios de Arte y Arqueología: BSAA. Tomo 53*, págs. 59-72.

Gozalbes, C. (junio 1995). El riego y la toponimia del agua en la estructura territorial de la

Axarquía malagueña. Almería: II coloquio Historia y Medio Físico. *Agricultura y regadío en al-Ándalus*. Almería.

López, J. (Junio 1995). El agua en el sureste peninsular durante la época romana. Su aprovechamiento para la agricultura. Trabajo presentado en Agricultura y Regadío en al-Ándalus, *Instituto de Estudios Almerienses de la Diputación de Almería*. Almería.

López, Mª J. (1998-1989). Algunas cuestiones sobre: "El agua en el sureste peninsular durante la época romana. Su aprovechamiento para la agricultura". *Lucentum* XVII-XVIII.

Martín, E. (1988). El poblamiento neolítico de la zona oriental de la provincia de Málaga. *Mainake, Nº10,* 51-60.

Martín, E. *et al.* (1989). Informe arqueológico de las prospecciones sistemáticas en la Cuenca Alta del río de la Cueva-Benamargosa (Málaga). *Anuario Arqueológico de Andalucía, 72-74.*

Melero, F., Martín, E y Salado, J. (2016). El poblamiento alto medieval en la Axarquía de Málaga. *Mainake, XXXVI,* 289-334.

Mora González , A. (2017). *Irrigación y secano en el mediterráneo occidental (III-I Milenio A.N.E): Un estudio isotópico* (Tesis doctoral). Departamento de Prehistoria y Arqueología. Universidad de Granada.

Nadal , E. (1980). Los orígenes del regadío en España. *Revista de Estudios Agro sociales, Nº 113,* págs. 7-37.

Pellicer Catalán, M. (1995). La culturas del neolítico-calcolítico en Andalucía Oriental. *Espacio, Tiempo y Forma, Serie I, Prehistoria y Arqueología, t. 8,* págs. 81-134.

Recio, A y Martín, E. (2002). Sobre la colonización agrícola de los siglos VII-VI a.n.e en el cauce medio/alto Valle del Guadalhorce (Málaga). *Dialnet,* 86-87.

Rubio de Miguel, I. (1989). El Neolítico peninsular. Una interpretación de los datos arqueológicos. *CuPAUAM, 16,* 11-14.

Ruiz, P (2015). *Informe dado por don Francisco Arévalo de Suazo 1574. Sobre apeo y repoblación de los distintos lugares de la Axarquía y Tierra de Vélez tras la expulsión de los Moriscos del Reino de Granada.* Málaga. Asociación de Investigadores de los Archivos de Málaga (AIAM).

Santiago, A y Guzmán, A. (2015). *Axarquía. Patrimonio industrial.* Benamocarra: Centro de Desarrollo Rural de la Axarquía. CEDER-Axarquía.

Schubart, H. (2002). Toscanos y Alarcón. El asentamiento fenicio en la desembocadura del río de Vélez. Excavaciones de 1967-1984». *Cuadernos de Arqueología Mediterránea,* Núm. 8, 19-132

9. Anexos

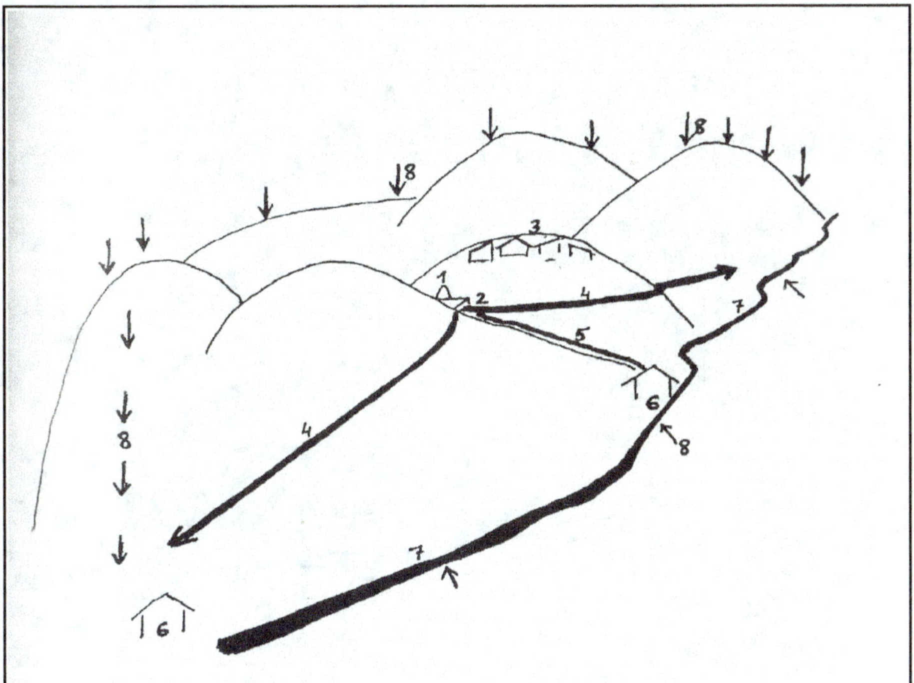

1.- Fuente; 2.- Alberca; 3.- Alquería; 4.- Acequia; 5.- Canal-acequia del arroyo secundario; 6.- Molino;
7.- Arroyo principal; 8.- Límites de las tierras de la alquería.

Imagen: *Esquema de una alquería de la Axarquía malagueña. El riego y la toponimia del agua en la estructura territorial de la Axarquía malagueña. Fuente: Gozalbes (1996).*

Imagen: *Acequia principal del Competín. Fuente: Valentín Fernández*

Imagen: *Banco de Arena en la desembocadura del río Algarrobo y Sayalonga en la zona del Competín. Abajo, a la izquierda, se ve el camino que atravesaba el río (En azul). A la derecha se aprecia la zona de riego del Competín. El camino tras cruzar en este punto sube hacia el norte para girar a la derecha. Fuente: Desconocida*

Imagen: *Molino del Competín. Entrada de la acequia al molino*

Imagen: *Sillares en la torre del molino de Competín. Fuente: Valentín Fernández*

Imagen: Fuente andalusí del Puripar en Arenas. Fuente: Valentín Fernández

Imagen: Fuente andalusí "Fuente Grande". Fuente: Valentín Fernández

Imagen: Acequia andalusí de Rubite. Fuente: Valentín Fernández

Imagen: Acequia sobre un un acueducto en la alquería de Rubite. Fuente: Valentín Fernández

Imagen: *Bancales y acequia en el río Rubite. En primer plano se puede apreciar la acequia de Rubite.*

Fuente: Valentín Fernández

Imagen: *Regadío tradicional del río de Rubite. Fuente: Valentín Fernández*